A la conquête
de Canaan

Libérez les bénédictions de Dieu
dans votre vie

Dauphin MAKENGO

A la conquête de Canaan

Avertissement :

Ce livre est destiné à des fins informatives et inspirantes uniquement et ne remplace pas les conseils professionnels. L'auteur et l'éditeur déclinent toute responsabilité quant aux actions ou résultats découlant de l'utilisation de ce livre. Les lecteurs sont encouragés à consulter des professionnels qualifiés pour des questions personnelles, spirituelles ou de santé mentale.

ISBN : 979-8-218-56352-3

Copyright © 2024 par Dauphin MAKENGO

Dymasoft Publishing

Concepteur de la couverture : Getcovers

À mes parents, mon épouse, mes enfants, mes frères et sœurs, ainsi qu'à mon meilleur ami et tous mes alliés. Merci pour votre amour, votre soutien, et votre courage à mes côtés dans mes guerres de conquête.

Table des Matières

Introduction

A vez-vous déjà réfléchi à ce qu'il faut pour vivre la vie abondante que Dieu promet à Ses enfants ? Avez-vous parfois l'impression qu'il y a plus dans la vie que votre réalité actuelle ? Vous êtes-vous déjà demandé pourquoi certains chrétiens autour de vous sont plus prospères, même si vous êtes dévoué à la vie chrétienne ? Moi, oui. Pendant des années, j'ai cru que la prière fervente et la vie la plus sainte possible étaient les clés pour recevoir et vivre les bénédictions de Dieu dans sa vie. Quand je voyais d'autres chrétiens connaître le succès et l'abondance matérielle, je soupirais et pensais : « Dieu les a bénis. C'était leur tour. Le mien viendra un jour. Je dois juste être patient et continuer à prier pour demander la bénédiction de Dieu jusqu'à ce que je la reçoive. » Chaque soir, les mains tendues vers le ciel comme pour recevoir quelque chose du Seigneur, je priais : « Seigneur, bénis-moi. Seigneur, donne-moi tes bénédictions. »

Pendant mon adolescence, ma famille a connu de grandes difficultés. Parfois, la pénurie touchait tous les aspects de notre vie. Mon père, un professeur d'université dévoué, et ma mère, une couturière talentueuse des cliniques de l'Université de Kinshasa, étaient tous deux fonctionnaires de l'Etat. Les salaires versés par le gouvernement étaient si irréguliers que des mois pouvaient passer sans que mes parents reçoivent leurs rémunérations. Dans ces moments-là, acheter de nouveaux vêtements ou des chaussures relevait du rêve, car nous avions déjà du mal à subvenir à nos besoins essentiels, comme la nourriture. Nous nous contentions d'un seul repas par jour, servi le soir après le retour de mes parents du travail, et ce repas

1

était souvent rendu possible grâce à un geste de gentillesse ou de solidarité de quelqu'un qui leur avait offert de l'argent ou de la nourriture. Les jours où l'aide n'arrivait pas, ma mère accomplissait un petit miracle. Elle remplissait un grand pot d'eau et y mettait tout ce qu'elle pouvait trouver de comestible dans la cuisine ou le jardin autour de la maison : un peu de semoule de maïs, de farine de manioc, quelques grains de riz, des feuilles de légumes, quelques haricots, et ainsi de suite. Après avoir fait bouillir le tout pendant une quinzaine de minutes, elle nous servait une soupe épaisse, d'une couleur verdâtre-brunâtre et à l'odeur étrange. Son goût amer aurait dû nous repousser, mais après une journée passée le ventre vide, c'était pour nous un véritable festin.

Je me souviens qu'à une occasion, ma mère a servi cette soupe à un frère de l'église en visite à la maison. En voyant le pot, son sourire s'est vite transformé en grimace de dégoût. Il a poliment refusé, expliquant à ma mère qu'il ne pouvait absolument pas manger cette soupe. Dans des circonstances normales, aucun de nous n'aurait trouvé ce plat appétissant, mais notre faim était telle qu'il devenait pour nous un mets de choix. Comme pour nous consoler, après le seul repas de la journée, mes frères, mes sœurs et moi rêvions à voix haute de manger dans un restaurant, nous imaginant en train de passer commande et savourant chaque plat que nous décrivions avec gourmandise.

Un jour, après avoir marché plusieurs kilomètres sous un soleil brûlant en rentrant de l'école, j'étais épuisé et affamé, n'ayant rien mangé depuis le matin. En arrivant à la maison et découvrant qu'il n'y avait rien à manger, un profond découragement m'a envahi. Je me suis retiré dans ma chambre, me suis assis sur mon tabouret et, les larmes aux yeux, j'ai pris ma Bible et je l'ai ouvert au niveau du livre de l'Exode qui était au centre de mes méditations ce mois-là. Alors que je lisais l'histoire de l'entrée du peuple hébreu à Canaan, Dieu me fit une révélation puissante qui illumina mon esprit : En tant qu'enfant de Dieu, j'avais déjà un accès illimité à Son réservoir infini de bénédictions. Je compris que, tout comme les Hébreux étaient bénis et possédaient Canaan bien des années avant d'y entrer physiquement, j'étais aussi bénis et possédaient déjà toutes les bénédictions que je ne cessais de demander dans mes prières.

Cette révélation était confirmée par les Écritures elles-mêmes. En méditant davantage, je tombai sur ce passage puissant qui renforçait cette vérité : Éphésiens 1:3 : « *Béni soit le Dieu et Père de notre Seigneur Jésus-Christ, qui nous a bénis de toute bénédiction spirituelle dans les lieux célestes en Christ !* » Le mot « béni » est au passé ; cela signifie que c'est déjà fait. Nous sommes déjà bénis ! Ainsi, la prospérité, le succès, le bien-être, et tout ce que nous souhaitons avoir, ont déjà été assurés pour nous en Christ. Grâce au sacrifice du Christ-Jésus, tout ce que nous avons à faire en tant qu'enfants de Dieu est de saisir les bénédictions de Dieu et les manifester dans notre vie.

Le Seigneur me fit comprendre que, plutôt que d'attendre encore des bénédictions qu'Il m'avait déjà accordées, je devais passer à l'action. Tout comme les Hébreux ont dû combattre pour prendre possession de la Terre promise et vivre pleinement cette bénédiction, il me revenait de saisir mes propres bénédictions et m'engager dans des guerres de conquête pour les manifester dans ma vie. Cette révélation a transformé ma façon de vivre, et dès que j'ai commencé à mener ces combats, les bénédictions que j'attendais et pour lesquelles je priais depuis des années ont commencé à se manifester dans ma vie.

L'histoire de la conquête de Canaan par les Hébreux est plus qu'un récit de batailles et de victoires ; c'est un témoignage intemporel de la capacité des élus de Dieu à surmonter les défis et à réaliser de grandes visions. C'est un guide intemporel pour atteindre vos objectifs, décrivant les traits clés nécessaires pour atteindre votre « Terre Promise » personnelle, qu'il s'agisse de stabilité financière, d'excellence académique, de croissance personnelle, d'un mariage heureux, d'une famille harmonieuse, de succès professionnel, de réussite en affaires, ou de toute autre ambition.

En s'inspirant du récit biblique, ce livre, « A la Conquête de Canaan », explore huit principes essentiels pour réussir et vivre victorieusement. En comprenant et en appliquant ces principes, vous serez bien équipés pour entreprendre votre voyage vers la conquête de votre « Canaan » —la terre promise de votre plus haut potentiel et de vos aspirations les plus profondes.

Chaque chapitre s'appuie sur le précédent, formant une feuille de route claire et cohérente pour votre conquête personnelle et spirituelle. Cependant, vous pouvez vous concentrer sur les chapitres qui résonnent le plus avec votre situation actuelle dans votre cheminement de foi, vous permettant ainsi de vous engager avec ce qui est le plus pertinent pour votre croissance :

1. *Créez votre vision* : Ce chapitre parle de l'importance d'avoir une vision claire. Vous apprendrez ce qu'est une vision, pourquoi elle est essentielle, comment la différencier des simples souhaits, rêves, idées et objectifs, et comment en créer.

2. *Utilisez votre foi* : Vous êtes-vous déjà demandé comment les grands de la foi ont atteint leurs objectifs ? Ce n'était pas seulement une question de talent. C'était la foi ! Dans ce chapitre, nous discuterons de ce que la foi signifie vraiment, comment la renforcer, et comment elle peut vous aider à réaliser votre vision. Nous partagerons même des histoires de personnes qui ont utilisé la foi pour changer le monde.

3. *Réveillez le guerrier* : Chaque chrétien est un guerrier dans l'armée de Dieu, appelé entre autres à se battre pour sa terre promise. Mais parfois, nous l'oublions ! Ce chapitre vous aidera à développer un état d'esprit de guerrier, à vous libérer des croyances limitantes et de la mentalité d'esclave, et à embrasser votre véritable identité de conquérant. Vous apprendrez à exploiter votre force intérieure, à construire de la résilience, et à aborder les batailles de la vie avec courage et détermination, comme le champion que vous êtes.

4. *Faites des alliances* : La vérité est que personne n'arrive au succès par ses seuls moyens ; nous avons besoin des autres pour progresser et accomplir de grandes choses. Dans ce chapitre, nous parlerons de l'importance de construire des relations et de trouver les bonnes personnes qui peuvent vous soutenir dans votre parcours.

5. *Planifiez, planifiez, planifiez* : La foi et un esprit de guerrier sont puissants, mais pour avancer efficacement, il vous faut aussi un plan solide. Ce chapitre vous montrera comment fixer des objectifs SMART, développer des stratégies efficaces, et créer des plans d'action pour rester sur la bonne voie.

6. *Mobilisez vos ressources* : Ce chapitre vous enseignera des stratégies pratiques pour tirer parti du temps, des compétences, des finances, et des réseaux de soutien pour atteindre votre

vision. Vous apprendrez à évaluer vos ressources actuelles, à identifier le potentiel inexploité, et à les allouer efficacement pour maximiser vos progrès.

7. *Faites la guerre* : Préparez-vous à relever le défi ! Ce chapitre est un appel aux armes, vous encourageant à vous battre pour votre vision avec courage et ténacité. Vous apprendrez l'importance de sortir de votre zone de confort et de prendre des mesures décisives contre les obstacles qui se dressent sur votre chemin.

8. *Persévérez* : Enfin, ce ne sera pas toujours facile. Il y aura des revers et des défis. Mais rappelez-vous, les personnes les plus prospères sont celles qui n'abandonnent jamais. Ce chapitre vous enseignera des techniques pour maintenir la motivation, gérer le stress, et trouver de la force dans les moments difficiles.

Chaque chapitre est rempli de références bibliques, d'histoires personnelles, d'exercices pratiques et d'étapes concrètes. Prenez le temps de méditer sur chaque section, de vous engager dans les exercices, et d'appliquer les principes à votre vie. Utilisez ce livre comme votre guide ; revisitez-le chaque fois que vous avez besoin d'encouragement, de clarté ou de direction.

Rappelez-vous, vous n'êtes pas seul dans ce voyage. Tout comme Dieu était avec le peuple hébreu pendant leur conquête, les guidant et combattant avec eux, Il est avec vous à chaque étape. Commençons ce voyage ensemble, prêts à conquérir votre Canaan et à vivre la vie abondante que Dieu a prévue pour vous.

Chapitre 1

Créez votre vision

"Quand il n'y a pas de vision, le peuple est sans frein ; Heureux celui qui observe la loi !" Proverbes 29:18

Avoir une vision est la première chose dont vous avez besoin pour conquérir votre "Canaan". Environ 40 ans après avoir quitté l'Égypte, les Hébreux étaient enfin prêts à entrer en Canaan, préparés pour le combat. Josué, un chef choisi par Dieu, était à leur tête, chargé de les conduire dans la Terre Promise. Avant le début de leur conquête, Dieu a partagé un message essentiel avec Josué. Il a décrit les vastes frontières de la terre, allant du désert et du Liban au fleuve Euphrate, et à l'ouest jusqu'à la mer Méditerranée (Josué 1:4). Ces informations n'étaient pas nouvelles pour Josué ni pour les Israélites, car ces frontières avaient déjà été mentionnées au cours de leur voyage dans le désert (Deutéronome 11:24).

Vous pourriez vous demander pourquoi Dieu a rappelé à Josué les frontières. Était-ce pour confirmer Sa promesse ? La réponse est oui, dans une certaine mesure, mais il y avait aussi une raison plus profonde. Dieu aidait Josué à visualiser le résultat final de la conquête. Il voulait que Josué regarde au-delà du fleuve et imagine les Hébreux établis et vivant sur cette terre. Cet acte de visualisation de la promesse, sous la forme d'une image mentale claire plutôt que de simples mots, représentait une étape cruciale pour Josué. Cette histoire nous enseigne une leçon précieuse : avoir une vision est essentiel pour accomplir de grandes choses.

Une vision est une représentation mentale claire d'une perspective inspirée et audacieuse du futur, perçue à travers le prisme de la foi. C'est cette image vivante de l'avenir dans votre esprit qui nourrit votre volonté de la rendre réelle. Nous évoquons souvent la vision en termes de réalisation de notre destinée, la considérant généralement comme un objectif ou une réussite majeure. Cependant, les visions ne se limitent pas à une simple « vision de la vie » ; elles peuvent être de toutes tailles et avoir divers impacts. Certaines visions peuvent être immenses, d'autres plus modestes. Mais voici l'essentiel : aucune vision n'est trop petite ni trop grande. Tout est une question de perspective.

Imaginez votre vision – qu'elle soit grande ou petite. Elle pourrait consister à créer une entreprise, atteindre un certain niveau professionnel, bâtir un ministère chrétien ou fonder une famille. Peut-être s'agit-il de quelque chose de plus personnel, comme renforcer votre relation conjugale ou adopter une routine de fitness pour améliorer votre forme physique. Ce qui vous paraît être une petite vision pourrait représenter un objectif majeur pour quelqu'un d'autre. De même, une vision qui vous semble grandiose aujourd'hui pourrait paraître moins impressionnante dans une décennie, à mesure que vous élargissez vos horizons et redéfinissez vos objectifs. Cette fluidité montre à quel point la façon dont nous percevons et catégorisons nos visions est profondément personnelle et en constante évolution.

Même si une personne peut avoir de nombreuses visions au cours de sa vie, je préfère utiliser le mot « vision » au singulier. Mon intention est de souligner que chaque vision, quelle que soit son ampleur, est orientée vers un résultat précis, un accomplissement particulier. Dans le cas de Josué, il s'agissait d'établir le peuple hébreu dans la Terre Promise.

Une vision n'est pas un souhait, un rêve, une idée ou un objectif.

Une vision n'est pas un simple souhait, un rêve passager, une idée ou même un objectif isolé. Elle représente bien plus : une image claire, motivante et ambitieuse de l'avenir que vous désirez profondément, fondée sur vos croyances et soutenue par un engagement réel. Contrairement aux rêveries ou aux désirs fugaces, une vision vous pousse à agir, à élaborer un plan concret et à prendre des mesures pour transformer cette image en réalité.

Par exemple, imaginer posséder une boulangerie où l'odeur du pain frais emplit l'air peut rester un souhait si aucune action n'est entreprise. Mais lorsque cette image devient une force qui vous motive à suivre une formation, à économiser pour acheter du matériel et à chercher un emplacement, elle se transforme en vision. De même, rêver d'être en meilleure santé reste un fantasme sans un plan précis et des efforts délibérés comme l'adoption d'un programme d'exercices et une alimentation équilibrée.

Les souhaits, bien qu'inspirants, manquent souvent de structure et d'intention concrète. Ils expriment des désirs temporaires sans plan d'action, tandis que les rêves sont souvent des échappées idéalisées, détachées de la réalité. Ces deux notions, bien qu'agréables, ne suffisent pas à guider vos actions futures comme une vision le fait.

Une vision se distingue également d'une idée. Une idée est une étincelle, une pensée initiale ou une inspiration. Par exemple, penser à un projet innovant est une idée. Mais pour qu'elle devienne une vision, elle doit être développée, structurée et liée à un objectif global. Sans ce cadre, une idée reste un point de départ, dépourvu de la direction et de l'élan qui caractérisent une vision.

Enfin, il est essentiel de comprendre la relation entre une vision et les objectifs. Une vision est large et émotionnelle, décrivant un avenir global et inspirant. Les objectifs, en revanche, sont les étapes concrètes qui rendent cette vision atteignable. Si la vision est votre destination, les objectifs sont les jalons qui marquent votre progression. Par exemple, votre vision pourrait être de devenir un expert dans votre domaine, tandis que vos objectifs incluraient des actions spécifiques, comme suivre des formations, établir un réseau professionnel et atteindre des réalisations mesurables.

Ainsi, une vision ne se limite pas à ce que vous imaginez ou espérez ; elle exige action, structure et persévérance. Elle devient le fil conducteur qui oriente vos efforts, transformant vos aspirations en réalité tangible.

L'importance de la vision

Pour comprendre l'importance d'une vision, imaginez un architecte qui conçoit un bâtiment. Avant même de dessiner un plan ou de tracer une ligne sur son ordinateur, il commence par visualiser. Il imagine un espace unique, joue mentalement avec la lumière, l'agencement des pièces et les matériaux. Cette image dans son esprit est une vision : une idée claire et ambitieuse de ce qu'il veut créer.

Une fois que cette vision prend forme dans son imagination, l'architecte commence à la traduire en réalité. Il élabore des plans précis et des maquettes, qui serviront de guide à chaque étape de la construction. Grâce aux rendus numériques, il peut même montrer une représentation détaillée de son projet avant qu'un seul mur ne soit érigé, permettant à d'autres de voir clairement le résultat final. Cela peut sembler magique, presque comme dans un film de science-fiction, mais cette magie repose sur une vision initiale et un travail méthodique pour la concrétiser.

De la même manière, dans votre vie, toute grande réalisation commence par une vision. Que vous rêviez de bâtir une carrière, de transformer vos relations ou de lancer un projet ambitieux, tout commence dans votre esprit. La vision devient la première pierre qui guidera vos efforts et donnera naissance à votre réalité.

Tout comme les architectes visualisent les structures qu'ils créent, transformant l'imagination en modèles tangibles, l'expérience d'Abraham illustre comment les visions, qu'il s'agisse de constructions physiques ou de promesses pour l'avenir, jouent un rôle important dans la matérialisation des bénédictions divines. Après qu'Abraham, sans enfants, ait quitté Haran pour Canaan sur l'ordre de Dieu, Celui-ci lui apparut et lui dit : « *Je donnerai ce pays à ta descendance* » (Genèse 12:7b). Par cette déclaration, Dieu lui promettait deux choses : un pays et une descendance. On pourrait penser qu'Abraham avait pleinement cru en cette double promesse et qu'aucune autre action ou message divin n'était nécessaire. Et pourtant, plus tard, Dieu se manifesta à nouveau, lui demandant de regarder dans toutes les directions et déclarant : « *car tout le pays que tu vois, je te le donnerai, à toi et à ta descendance, pour toujours.* » (Genèse 13:15). Il lui demanda ensuite de parcourir le pays en long et en large.

Quelques jours plus tard, un soir, Dieu emmena Abraham dehors et lui dit de regarder les étoiles, l'invitant à imaginer sa descendance aussi nombreuse qu'elles (Genèse 15:5). Vous pourriez vous demander : « Pourquoi Dieu est-il apparu à Abraham à plusieurs reprises pour lui demander d'accomplir des actions — observer l'étendue du territoire, le parcourir, compter les étoiles — alors qu'Il lui avait déjà donné l'essentiel : Sa promesse ? » C'est parce qu'Il voulait graver une image vivante de Sa promesse dans l'esprit d'Abraham.

Transformer les paroles de Dieu en une vision claire était crucial. Cela créait un avenir si réel dans l'esprit d'Abraham que cela guidait chacune de ses décisions, le maintenant concentré sur cette vision. À travers ces rencontres, Abraham a reçu deux éléments essentiels : une promesse et une vision, tous deux nécessaires pour suivre son chemin, soulignant l'importance de se projeter dans un avenir qui dépasse le présent.

L'importance de la vision est également évidente dans la construction du Tabernacle. Dieu dit à Moïse : « *Tu dresseras le tabernacle d'après la disposition qui t'a été montrée sur la montagne.* » (Exode 26:30). Ce verset montre que Moïse avait vu un modèle du Tabernacle. Nous pouvons nous demander : « Pourquoi Dieu avait-Il montrer un modèle du tabernacle à Moïse en plus d'une description détaillée de ce dernier ? » Parce que cela permettait à Moïse de visualiser l'œuvre achevée. Le pouvoir de la vision est fondamental ici – il s'agit d'avoir une image claire de quelque chose qui n'a pas encore pris forme dans la réalité. Cela montre comment Dieu a utilisé la visualisation pour aider Moïse à comprendre les plans détaillés pour l'Arche de l'Alliance.

Moïse n'était pas un artisan qualifié. Il ne connaissait pas les principes ou techniques de conception, et il s'appuyait sur des artisans compétents pour construire le Tabernacle. Imaginez si, pendant la construction, les artisans avaient des questions sur une mesure ou un détail de conception. Moïse aurait-il pu les aider ? Probablement pas. Il n'était pas un ouvrier et l'idée de construire un tabernacle ne venait pas de lui – elle venait de Dieu. Le rôle de Moïse était de transmettre aux artisans les instructions divines pour la construction de l'ouvrage.

Sans la capacité d'offrir des conseils techniques précis, il aurait pu se retrouver dans l'impasse. Mais Dieu ne laissa pas Moïse sans aide. En plus des plans et spécifications détaillés, Il lui montra un modèle du Tabernacle, permettant à Moïse de se forger une vision claire. Même s'il n'était pas un constructeur et ne maîtrisait pas les détails techniques, il pouvait orienter le projet grâce à cette vision. Quand les artisans proposaient des modifications ou posaient des questions, Moïse pouvait vérifier si leurs idées correspondaient à la vision. Il pouvait leur demander : « À quoi ressemblera le Tabernacle avec vos changements ? » Si cela correspondait à sa vision, il acceptait ; sinon, il refusait. Cela permit de maintenir le Tabernacle fidèle à la volonté de Dieu, montrant ainsi à quel point une vision claire est cruciale pour mener à bien des projets complexes.

Encore une fois, avoir une vision est crucial pour conquérir votre Canaan. Sans vision, l'échec devient bien plus probable dans divers aspects de la vie. Imaginez essayer de conduire sans savoir où vous allez, ou tenter de construire quelque chose sans savoir ce que vous voulez vraiment bâtir. Commencer sans vision, c'est risquer de terminer sans but. Sans vision, les décisions deviennent aléatoires, la vie semble vide de sens, et il devient facile de se contenter de peu. Une vision vous aide à définir vos standards, à rester concentré et à ignorer les distractions liées aux actions des autres, ouvrant ainsi la voie à des opportunités qui vous correspondent pleinement. C'est comme avoir une boussole qui vous permet de rester sur la bonne voie, même dans les moments difficiles, vous guidant vers l'endroit où vous voulez être. La vision donne un sens à la vie, vous aidant à distinguer l'essentiel du superflu et à faire en sorte que chaque jour vous rapproche d'un avenir grand et inspirant.

Réfléchissez et répondez

Analysez vos inspirations :

Exercice : Réfléchissez aux personnes, aux livres ou aux expériences qui vous ont le plus inspiré. Écrivez pourquoi elles vous inspirent et comment elles contribuent à vos aspirations.

Pensez à tous les rêves que vous aviez durant votre enfance et votre adolescence et que vous n'avez pas réalisés. Écrivez pourquoi, selon vous, ils ne se sont pas concrétisés.

Bien que la Bible nous montre que Dieu peut donner des visions, ce n'est pas la seule manière d'en recevoir. Vous avez aussi la capacité de créer vos propres visions.

Par exemple, David a imaginé construire une demeure pour le Seigneur. Cette vision ne venait pas de Dieu, mais de lui-même, et en réponse, Dieu lui a promis qu'il aurait toujours un descendant sur le trône. Dans Genèse 41, après avoir interprété le rêve de Pharaon, Joseph a anticipé sept années d'abondance suivies de sept années de famine. Il a élaboré une vision stratégique pour stocker l'excédent de grain pendant les années d'abondance, afin d'assurer la survie pendant la famine. Son initiative a non seulement sauvé l'Égypte, mais aussi les nations environnantes ainsi que sa propre famille. Néhémie, bien qu'étant échanson en Perse, nourrissait une vision de restaurer Jérusalem en reconstruisant ses murs en ruine (Néhémie 1:3-4). Il prit l'initiative de s'adresser au roi Artaxerxès pour obtenir la permission et les ressources nécessaires à la reconstruction. Sa vision et son leadership ont non seulement contribué à revitaliser la ville, mais aussi à unifier le peuple.

1.1. Éléments clés pour créer une vision

Élaborer une vision est un processus simple qui nécessite essentiellement deux éléments clés : votre imagination et les promesses de Dieu. Explorons ces composants plus en détail.

Le pouvoir de l'imagination

L'imagination est un processus mental extraordinaire qui nous permet d'explorer au-delà de notre réalité immédiate. Elle implique de créer des scénarios et des concepts qui ne sont pas physiquement présents. Cela peut signifier se souvenir du passé, rêver de l'avenir, ou inventer des mondes totalement nouveaux. L'imagination nourrit la créativité, la résolution de problèmes, et l'innovation. Elle est cruciale pour tout, de l'art et la littérature aux grandes percées scientifiques. Essentiellement, elle nous permet de penser au-delà de nos circonstances actuelles, de générer de nouvelles idées, et de comprendre le monde sous différents angles.

Elle vous permet de visualiser ce que vous souhaitez et de percevoir le potentiel qui s'offre à vous. Selon les neurosciences, imaginer un résultat désiré active les mêmes régions du cerveau que l'expérience réelle, ce qui contribue à créer de nouveaux chemins neuronaux. En transcendant mentalement votre réalité présente, l'imagination vous aide à concevoir un avenir différent, voire meilleur. Par exemple, un entrepreneur peut imaginer un produit ou un service révolutionnaire répondant à un besoin sur le marché, tandis qu'un réformateur social peut envisager une société sans inégalités. Ces visions, nées de l'imagination, deviennent de puissants moteurs, vous poussant, ainsi que ceux qui vous entourent, à travailler pour les réaliser.

L'imagination nous emmène vers des lieux et des idées qui n'ont pas encore été inventés ou jugés possibles. Chaque grande avancée ou invention commence par la vision de quelqu'un, des croquis de machines volantes de Léonard de Vinci aux rêves d'explorer Mars. C'est notre imagination qui alimente l'innovation et le progrès, transformant ce qui semble impossible en réalité.

Plusieurs études scientifiques mettent en avant l'importance de l'imagination dans la vie humaine. Par exemple, une étude menée par le Wellcome Centre for Human Neuroimaging de l'University College London a conclu que l'imagination peut modifier nos perceptions de la réalité et influencer nos comportements dans le monde réel. Une autre étude, publiée dans la revue Neuron, a révélé que les enfants ayant un niveau élevé de jeu imaginatif développent généralement de meilleures compétences en résolution de problèmes sociaux. De plus, des recherches en psychologie suggèrent que l'imagination est un facteur clé de l'empathie humaine. En nous mettant mentalement à la place d'une autre personne, nous pouvons mieux comprendre et empathiser avec ses expériences. Ces études soulignent l'impact profond de l'imagination sur nos vies, qu'il s'agisse de façonner nos perceptions, d'améliorer nos compétences sociales ou de développer notre intelligence émotionnelle.

Le point principal est le suivant : le pouvoir de votre imagination dépend de la liberté que vous lui accordez. Si vous avez des rêves et des ambitions, permettez-vous de les imaginer pleinement. Visualisez votre succès et laissez cette vision guider vos actions. L'esprit est incroyablement puissant, capable de réaliser ce qui n'était autrefois qu'un rêve. Nourrissez-le de pensées positives et créatives, et regardez votre vision prendre forme dans la réalité.

La vie de Walt Disney est un puissant témoignage du rôle central que l'imagination a joué dans son succès et son héritage. L'imagination était la force motrice derrière sa créativité, sa résilience et ses accomplissements visionnaires. Grâce à elle,

Walt Disney a pu rêver grand, mais il a dû surmonter de nombreux obstacles avant de réaliser ses rêves. Ses premières entreprises, comme Laugh-O-Gram Studios, ont fait faillite, mais cela ne l'a pas découragé. Il croyait fermement au pouvoir des dessins animés et a persévéré, s'appuyant sur son imagination pour nourrir sa résilience.

L'un des exemples les plus vivants de l'imagination de Disney fut sa vision de Disneyland. À une époque où les parcs d'attractions se concentraient principalement sur des manèges simples pour enfants, Walt rêvait d'un lieu où les familles pourraient vivre ensemble des expériences immersives et passionnantes. Beaucoup pensaient que son idée était irréalisable ou trop risquée, mais l'imagination de Walt lui permettait de voir au-delà des limites de ce que les autres croyaient possible. Il visualisait Disneyland jusque dans les moindres détails, créant des terres thématiques où les visiteurs pouvaient entrer dans les mondes de leurs histoires préférées. En 1955, cette vision est devenue réalité, et Disneyland a révolutionné l'industrie du divertissement.

Albert Einstein est souvent considéré comme l'un des plus grands esprits scientifiques de tous les temps, mais ce que beaucoup ne réalisent peut-être pas, c'est à quel point l'imagination était au cœur de ses percées en physique. Einstein a déclaré : « L'imagination est plus importante que le savoir. » Il croyait que la capacité d'imaginer de nouvelles possibilités et de visualiser des concepts de manière unique était la clé pour résoudre les mystères scientifiques.

Pour Einstein, l'imagination lui permettait d'explorer au-delà des frontières conventionnelles de la physique. La théorie de la relativité, l'une de ses découvertes les plus célèbres, est née d'un exercice de réflexion. Il a imaginé ce que ce serait de chevaucher un rayon de lumière, ce qui l'a conduit à des idées révolutionnaires sur la nature du temps, de l'espace et de l'énergie. Cette approche imaginative lui a permis de développer des théories qui ont changé notre compréhension de l'univers.

L'héritage d'Einstein en tant que physicien témoigne de la manière dont l'imagination peut alimenter l'innovation et la découverte. Sa capacité à penser en termes abstraits et visuels a conduit à des idées qui continuent d'influencer la science aujourd'hui.

De même, la vie et l'héritage de Martin Luther King Jr. sont profondément enracinés dans l'imagination et la vision. Il a rêvé d'un monde où l'égalité raciale et la justice prévalaient, comme l'illustre son célèbre discours « *I Have a Dream* ». Sa capacité à imaginer un avenir sans racisme et sans ségrégation a nourri son combat pour les droits civiques et inspiré des millions de personnes à rejoindre le mouvement. La foi chrétienne de King était au cœur de sa vision d'amour, d'égalité et de justice pour tous. Sa vision continue d'inspirer les mouvements pour la justice et l'égalité dans le monde entier, montrant le pouvoir de l'imagination alliée à la foi.

Rappelez-vous, votre esprit peut explorer des possibilités infinies, et réaliser votre vision commence par vous immerger pleinement dans celle-ci. Parmi les pièges courants, on trouve la tendance à limiter notre propre pensée et à encombrer notre esprit de pessimisme. Adoptez un état d'esprit ouvert aux opportunités et au potentiel illimité. Fermez les yeux et laissez votre imagination façonner l'avenir que vous désirez. Soyez réceptif aux nouvelles idées, créant ainsi un terrain fertile pour des visions novatrices. Votre imagination est un allié puissant

– utilisez-la pour orienter vos pensées de manière constructive, en veillant à ce que vos actions s'alignent sur votre vision.

Le pouvoir des promesses de Dieu

La biologie nous révèle le processus remarquable de la conception humaine, qui débute lorsque l'ovule et le spermatozoïde s'unissent pour donner naissance à un nouvel être. À eux seuls, ni l'un ni l'autre ne peuvent engendrer la vie. De la même manière, notre imagination a besoin de quelque chose de plus pour créer une vision : elle nécessite une promesse de Dieu. Cette synergie entre notre imagination et la promesse divine reflète le processus naturel de la conception, illustrant un lien profond entre la création physique et le spirituel.

Plus tôt dans ce chapitre, nous avons parlé des visions d'Abraham et de Moïse. Nous avons vu que Dieu a activé leur imagination en s'appuyant sur la promesse qu'ils avaient reçue pour créer une vision. De nombreux autres personnages bibliques ont également vu leurs visions liées à des promesses divines. Examinons-en quelques-uns.

Joseph a eu des visions qui prédisaient sa futur ascension à une position de pouvoir et de leadership (Genèse 37:5-11). Ces visions étaient une promesse divine que Joseph gouvernerait un jour, même sur sa propre famille. Bien que Joseph ait fait face à la trahison, à l'esclavage et à l'emprisonnement, sa foi en la vision que Dieu lui avait donnée n'a jamais vacillé. Avec le temps, la promesse de Dieu s'est réalisée, et Joseph est devenu un puissant dirigeant en Égypte, sauvant de nombreuses vies pendant une famine (Genèse 41:41-57).

David a reçu de Dieu la promesse qu'il serait un jour roi d'Israël. Malgré de nombreux obstacles, comme les tentatives de Saül pour le tuer, David a tenu ferme à la vision de l'avenir que Dieu lui avait donnée. (1 Samuel 16:1-13, 2 Samuel 7:8-16).

Néhémie avait une vision, celle de reconstruire les murs de Jérusalem après l'exil babylonien. Cette vision était étroitement liée à la promesse de Dieu de restaurer Israël (Néhémie 1:3-4, 2:5-6). Malgré l'opposition et les nombreux défis, Néhémie a conduit les Israélites dans la reconstruction des murs de la ville sainte, accomplissant ainsi la promesse de Dieu de protéger et de restaurer Son peuple sur leur terre.

Ces récits nous enseignent que notre imagination doit être ancrée à une promesse divine pour se transformer en vision. Qu'il s'agisse des Hébreux, sous la direction de Josué, qui s'imaginaient entrer dans la Terre Promise, ou de Moïse construisant le Tabernacle, leurs visions étaient nourries par l'alliance de Dieu avec Abraham, réitérée à Moïse sur le mont Sinaï.

La bonne nouvelle est que la Bible contient plus de 8 000 promesses, toutes disponibles pour que vous les revendiquiez pour vos visions ! Vous n'avez pas besoin de vous demander si une promesse biblique peut soutenir votre vision—la réponse est un oui retentissant ! Que vous aspiriez à une meilleure santé, à une croissance professionnelle, à la prospérité financière, à une vie de famille harmonieuse, à la réussite académique ou à un ministère prospère, il existe des promesses adaptées à chaque aspect de la vie. Recherchez-vous la réussite scolaire ? Il y a une promesse pour cela. Rêvez-vous de créer des entreprises, de fonder un foyer ou de lancer des ministères ? Dieu a fait des promesses pour ces aspirations aussi. Pour élaborer votre vision, choisissez une promesse de Dieu pour ensemencer votre imagination.

N'oublie pas d'impliquer Dieu

Impliquer Dieu dans la création d'une vision peut sembler évident pour les chrétiens, et pourtant, il est étonnamment facile de L'oublier dans de nombreux aspects de notre vie, y compris dans la création de nos visions. Lorsque vous imaginez votre avenir, engagez un dialogue dynamique avec Dieu. Partagez-Lui vos rêves : ce que vous voyez, ce que vous ressentez, ce que vous désirez. Discutez des ajustements à apporter à votre vision, et recherchez sincèrement Ses directives pour les intégrer pleinement.

Comme beaucoup d'immigrants africains francophones, je suis arrivé aux États-Unis rempli de fausses idées sur le rêve américain, des idées qui ont rapidement été dissipées par la réalité. Je croyais que la transition vers ce vaste et beau pays serait facile, d'autant plus que j'étais convaincu que Dieu avait tracé ma route jusqu'ici. Je m'attendais à des défis, mais rien que je n'avais pas déjà surmonté par le passé. Comme je me trompais. Freiné par une maîtrise limitée de l'anglais et un besoin pressant d'indépendance pour alléger le fardeau de mes parents, qui hébergeaient ma famille et moi, je me suis retrouvé dans une situation courante pour de nombreux immigrants africains francophones : un emploi en usine, payé près du salaire minimum. Ce maigre salaire couvrait à peine les besoins de ma famille. Je vivais essentiellement de chèque en chèque, et même avec cela, j'avais besoin de l'aide de services sociaux pour joindre les deux bouts du mois. C'était vraiment déprimant.

À l'usine, j'ai rencontré de nombreux immigrants présents aux États-Unis depuis plus longtemps que moi, mais qui semblaient coincés dans la même situation. C'était comme si ce type de travail était tout ce qui nous était accessible, sans rien de mieux à espérer. Je me suis dit : « Cela ne peut pas et ne sera pas ma vie dans ce pays. Je ne vivrai pas de l'assistance sociale toute ma vie. »

J'ai alors commencé à me documenter sur la société américaine : des modes de vie aux classes sociales, en passant par les opportunités d'emploi et le système éducatif, dans l'espoir de mieux comprendre mon nouvel environnement. Chaque soir, après le travail et avant de me coucher, je partageais toutes mes découvertes avec le Seigneur. Nous avions de longues conversations à ce sujet, examinant ensemble mes idées, mes aspirations et ses promesses. Avec les informations que j'avais rassemblées, nous avons commencé à esquisser une vision. C'était comme discuter avec un ami proche, où je pouvais exprimer librement mes peurs, poser des questions et dévoiler mes faiblesses.

Au fil du temps, ma vision est devenue plus claire, au point que je pouvais me voir heureux dans ce pays : engagé dans une profession que j'aimais, travaillant pour une entreprise que j'admirais, et vivant la vie à laquelle j'avais toujours aspiré aux États-Unis. Après quelques années, cette vision est devenue réalité. Cette histoire montre l'importance de créer sa vision en collaboration avec Dieu, car c'est en Lui confiant nos aspirations que nous trouvons la force de surmonter les obstacles et de transformer nos rêves en réalité.

Ma fille, qui n'a pas encore dix ans, vient souvent me voir avec des descriptions vivantes de sa future vie d'adulte. Elle parle de s'occuper de son chien, de la maison dans laquelle elle vivra, de ses voyages, et des cadeaux qu'elle me rapportera. C'est ainsi que vous devriez vous approcher de Dieu—avec l'innocence et l'ouverture d'un enfant, partageant chaque détail de ce que vous imaginez ou envisagez. Après tout, Il est votre Père.

Certains croyants craignent de s'écarter de la volonté de Dieu en poursuivant leur vision personnelle. Mais voici la vérité—vous ne pouvez pas manquer Sa volonté si vous L'impliquez dans le processus de création de votre vision. Discuter de votre vision avec Dieu et L'inviter dans le processus garantit que votre vision reste alignée avec Sa volonté, la rendant d'autant plus puissante et significative. Rappelez-vous, Dieu est pour vous. Dans tout l'univers, personne ne désire plus votre bonheur, votre succès et votre épanouissement que Lui. Ne vous retenez pas ; parlez-Lui ! Construisez votre vision avec Dieu, détail par détail, jusqu'à ce que ce que vous voyez résonne profondément en vous et devienne clair dans votre esprit.

La création d'une vision peut prendre du temps

Créer et faire grandir votre vision est un voyage, non une course. Au début, ce que vous imaginez peut ne pas être parfaitement clair ou entièrement développé. Il est rare que Dieu nous présente un plan complet et détaillé dès le départ. Cultiver une vision demande de la patience, et il est important de ne pas se décourager. Profitez de chaque occasion pour fermer les yeux et laisser votre imagination façonner votre vision. Certaines de mes visions se sont formées en quelques jours, tandis que d'autres ont pris des semaines, voire des mois, pour se concrétiser pleinement.

Par exemple, imaginer ma vie aux États-Unis a été un processus qui s'est déroulé sur plusieurs semaines. Comme je l'ai expliqué plus tôt, la construction de cette vision nécessitait que je m'imagine vivant le genre de vie auquel j'aspirai aux Etats-Unis. J'ai commencé à visualiser ma vie dans ce pays, en prêtant attention à des détails comme les styles architecturaux, la cuisine locale, les options de transport et les cadres éducatifs.

Réfléchissez et répondez

Imaginez votre avenir idéal :

Exercice : Fermez les yeux et imaginez votre vie dans cinq ou dix ans. Écrivez une description détaillée de ce que vous voyez, en vous concentrant sur votre carrière, vos relations, votre santé et votre vie spirituelle. Comment cette vision s'aligne-t-elle avec les promesses de Dieu ?

Création d'un tableau de vision :

Exercice : Créez un tableau de vision avec des images, des mots et des symboles qui représentent vos objectifs et vos rêves. Réfléchissez à ce que ces éléments vous font ressentir et comment ils guident vos actions quotidiennes.

1.2. Développez votre imagination

Contrairement à l'idée reçue selon laquelle l'imagination est un talent inné réservé à quelques privilégiés, elle est en réalité une capacité malléable accessible à tous. Comme un muscle, l'imagination se renforce et gagne en flexibilité à mesure qu'on la pratique. Avec des efforts intentionnels et réguliers, il est possible de stimuler cette faculté essentielle pour innover, résoudre des problèmes et visualiser un avenir meilleur.

Pour développer votre imagination, exposez votre esprit à de nouvelles expériences et connaissances. Lire des livres, explorer différentes cultures, apprendre une nouvelle langue ou découvrir de nouvelles formes d'art nourrissent l'esprit en idées fraîches, qui deviennent la matière première de la créativité. En cultivant la curiosité, vous permettez à votre cerveau de combiner des concepts apparemment éloignés pour produire des idées originales. De nombreux innovateurs comme Léonard de Vinci ou Nikola Tesla ont utilisé cette approche, observant attentivement le monde et puisant dans une variété de disciplines pour enrichir leur imagination.

Une autre méthode consiste à pratiquer des exercices de visualisation et de créativité. Par exemple, imaginez un paysage en détail—ses couleurs, ses sons, ses odeurs—ou écrivez une histoire qui élargit vos horizons mentaux. Ces pratiques renforcent les zones du cerveau liées à l'imagerie mentale et encouragent une pensée innovante. L'écriture d'un journal de vos aspirations ou la visualisation guidée de votre vie idéale sont également de puissants outils pour transformer des idées abstraites en images claires et motivantes.

Dans l'annexe de ce livre, vous trouverez plusieurs exercices concrets pour entraîner votre imagination et la canaliser vers la création de votre vision. En intégrant ces pratiques à votre routine, vous découvrirez que l'imagination est bien plus qu'une capacité fixe : c'est un outil puissant qui peut enrichir votre vie, clarifier vos objectifs et ouvrir la voie à des réalisations significatives.

1.3. Les obstacles à la création de visions

1. Un mauvais environnement

Notre environnement joue un rôle crucial dans notre capacité à imaginer et envisager l'avenir. Lorsque nous sommes entourés d'amis, de membres de famille ou d'enseignants qui nous écoutent avec enthousiasme et soutiennent nos rêves, cela améliore considérablement notre capacité à développer et nourrir nos visions. À l'inverse, le découragement de ceux qui nous entourent peut étouffer notre potentiel créatif et visionnaire— une réalité trop familière pour beaucoup. L'environnement dans lequel nous grandissons, associé à notre éducation, influence profondément nos capacités visionnaires. Pour ceux qui suivent des schémas ancrés depuis plusieurs générations et consolidés par les enseignements parentaux, l'idée de tirer parti de la vision peut paraître étrangère. Leur état d'esprit, conditionné à suivre un chemin familier, peut avoir du mal à se libérer et à explorer le potentiel de la pensée visionnaire.

Quelles que soient vos circonstances, rappelez-vous que votre environnement a un impact significatif sur votre potentiel, pour le meilleur ou pour le pire. Se placer dans un cadre qui favorise la créativité et l'ambition est essentiel à la croissance personnelle. S'entourer de personnes positives et motivantes peut rendre l'accomplissement de votre vision beaucoup plus accessible. À l'inverse, les influences négatives peuvent vous tirer vers le bas, en vous inculquant un sentiment d'inadéquation. Par conséquent, il est impératif de choisir votre entourage avec sagesse.

Il y a des aspects de notre environnement que nous ne pouvons pas choisir, la famille étant le plus important. Notre famille, en particulier nos parents, joue un rôle fondamental dans la formation de notre perception de nous-mêmes dès notre plus jeune âge. Ils sont les premiers à refléter notre potentiel et notre valeur. Le type d'observations et remarques que nous recevons de nos parents—qu'il soit encourageant ou critique—façonne profondément notre estime de nous-mêmes. Le renforcement positif peut nourrir un fort sentiment de valeur personnelle et de confiance en nos capacités, tandis que des critiques constantes peuvent cultiver un manque de confiance et une vision négative de soi. Ces premières interactions avec la famille posent les bases de notre image de soi en évolution et influencent la manière dont nous nous voyons, interagissons avec le monde, et utilisons notre imagination à mesure que nous grandissons.

2. **Des Échecs passés**

Se concentrer sur les échecs passés peut être l'un des plus grands obstacles à la création de visions. Lorsque vous permettez aux erreurs ou aux revers précédents de dominer votre pensée, ils obscurcissent votre capacité à voir les possibilités futures. Au lieu d'utiliser votre imagination audacieusement, vous vous retrouvez piégé dans un état d'esprit de peur et de doute, rejouant constamment vos échecs passés et vous persuadant que le succès est hors de portée. Cette focalisation vous maintient coincé, incapable de voir au-delà des déceptions passées et d'imaginer un avenir rempli de potentiel.

Les échecs passés peuvent déformer votre perception, vous faisant croire que votre avenir sera un reflet de vos erreurs précédentes. Cet état d'esprit limite la créativité, étouffe l'espoir, et vous empêche de développer une vision claire et inspirante. La peur de répéter les erreurs du passé vous décourage de prendre des risques ou de saisir de nouvelles opportunités, créant ainsi un blocage mental qui peut saboter le processus de création de vision. Pour aller de l'avant, il est essentiel de vous libérer des chaînes des échecs passés, de reconsidérer ces expériences comme des opportunités d'apprentissage, et de vous permettre d'envisager un avenir plus radieux et plus réussi. Ce n'est qu'en lâchant prise de ce qui a mal tourné que vous pourrez embrasser les possibilités de ce qui peut bien se passer.

3. **Des Pensées négatives**

Les pensées négatives constituent l'un des plus grands obstacles à la création d'une vision claire et inspirante. Elles engendrent le doute de soi, la peur et l'hésitation, vous poussant à vous concentrer sur vos limitations plutôt que sur les possibilités infinies qui s'offrent à vous. Lorsque vous laissez les pensées négatives dominer, vos décisions sont fondées sur ce que vous croyez ne pas pouvoir accomplir, rétrécissant ainsi votre vision et vous maintenant prisonnier de votre zone de confort. Cet état d'esprit entrave la croissance personnelle et rend difficile l'exploration de nouvelles opportunités ou la prise de mesures audacieuses vers vos objectifs.

De plus, s'adonner à la négativité devient souvent une prophétie auto-réalisatrice. Lorsque vous vous attendez constamment à l'échec ou à la déception, vous agissez inconsciemment de manière à confirmer ces attentes. Votre focalisation sur les résultats négatifs obscurcit votre capacité à percevoir les succès potentiels, drainant ainsi votre motivation et votre créativité. Avec le temps, ce cycle de pensée négative non seulement limite votre vision, mais nuit également à votre bien-être mental, entraînant un stress accru, de l'anxiété, voire de la dépression. Pour véritablement créer et poursuivre une vision puissante, vous devez vous libérer de l'emprise de la négativité et la remplacer par un état d'esprit qui embrasse les possibilités, l'espoir et la confiance en votre potentiel.

4. **La comparaison**

La comparaison est un ennemi silencieux de la création de vision, sapant peu à peu votre confiance en vous et votre sens du but. Se comparer à quelqu'un d'autre revient à comparer des pommes et des oranges : les deux sont des fruits, mais ils sont entièrement différents en goût, texture et utilité. La vérité est que le parcours de vie de chacun est unique, façonné par ses propres expériences, luttes et triomphes. Lorsque nous nous concentrons sur la comparaison avec les autres, nous perdons de vue notre propre chemin et déformons notre vision, nous sentant soit inadéquats, soit faussement supérieurs selon des normes arbitraires.

Au lieu de voir la vie comme une compétition, il est essentiel d'embrasser votre propre croissance et progression. Votre chemin est unique, et le comparer à celui de quelqu'un d'autre ne fait que vous détourner des opportunités qui sont à votre portée. La comparaison étouffe la créativité et freine la capacité de créer une vision authentique. Plutôt que de vous mesurer aux autres, célébrez vos victoires personnelles—peu importe leur taille—et apprenez de vos propres défis. Laissez le succès des autres vous inspirer, mais ne laissez jamais cela définir votre valeur ou dicter votre direction.

En concentrant votre attention sur l'amélioration de soi et en alignant vos objectifs sur vos propres valeurs, vous échappez au piège de la comparaison et libérez une vision plus claire et plus épanouissante pour votre avenir. Rappelez-vous, le progrès ne se mesure pas à la vitesse à laquelle vous avancez par rapport aux autres, mais à votre fidélité à suivre la direction qui vous est destinée.

5. **Le manque de conscience de soi**

La conscience de soi fait référence à la capacité d'un individu à reconnaître et à comprendre ses propres pensées, émotions, comportements et motivations. De nombreuses personnes ont du mal à se projeter clairement dans l'avenir en raison d'un manque de conscience de soi. Souvent, elles ne sont pas pleinement en phase avec leurs forces, leurs faiblesses, leurs valeurs ou leurs passions. Ce décalage complique la tâche d'imaginer un avenir véritablement aligné avec leur identité, rendant difficile la définition d'objectifs significatifs. Fait intéressant, de nombreux chrétiens ne reconnaissent pas leur identité inhérente en tant que guerriers et conquérants, prédestinés au combat, mais se voient plutôt uniquement comme des brebis ayant besoin de direction. Plus loin dans ce livre, nous explorerons comment éveiller le guerrier intérieur—une étape essentielle pour quiconque souhaite conquérir son « Canaan ».

6. Le manque d'exposition sociale

Une vision claire de l'avenir échappe souvent à ceux dont les expériences et les opportunités ont été limitées. Sans conscience des possibilités au-delà de leurs circonstances actuelles, envisager une vie différente peut sembler intimidant. Cela est particulièrement vrai pour les personnes issues de milieux défavorisés, dont l'environnement ne révèle peut-être pas toute l'étendue des opportunités disponibles. Mais il y a de l'espoir. En trouvant des mentors, des modèles et en participant à des programmes éducatifs, il est possible de transformer complètement sa vie. Cette nouvelle perspective peut éclairer le chemin vers l'ambition, en inspirant une vision d'un avenir plus prometteur. Nous aborderons plus tard l'importance de bâtir un réseau de relations, un aspect crucial de la réalisation de votre vision.

Identifiez et comprenez les obstacles qui pourraient obscurcir votre vision et ralentir votre progression. Ce processus, bien qu'il demande de l'introspection et un examen honnête de soi, est une étape cruciale pour avancer vers vos aspirations. Oui, cela peut sembler difficile, mais chaque défi sur ce chemin est une opportunité de grandir et de mieux vous connaître.

Réfléchissez et répondez

Réfléchissez à vos succès et échecs passés :

Exercice : Notez trois succès importants et trois échecs marquants dans votre vie. Réfléchissez à ce que vous avez appris de chaque expérience et comment elles ont façonné votre vision pour l'avenir.

Résumé

Dans ce chapitre, vous avez exploré l'importance d'avoir une vision, en la distinguant des simples souhaits, rêves, idées et objectifs. À travers l'histoire de Josué et des Israélites, vous avez appris combien il est essentiel de visualiser l'avenir que vous désirez, d'ancrer cette vision dans la foi et les promesses de Dieu, et de la construire avec Lui. En développant une vision claire, vous posez les bases de votre parcours vers la conquête de votre Canaan personnel.

En avançant, souvenez-vous qu'une vision sans foi est comme un navire sans voile. Dans le prochain chapitre, nous approfondirons l'essence de la foi, en apprenant comment la renforcer et la laisser nous guider à travers les défis de la vie. Préparez-vous à découvrir comment votre foi peut transformer votre vision en réalité et vous permettre de surmonter tous les obstacles.

Pratiques pour se transformer

1. Définissez votre vision :

• *Étape à suivre* : Passez du temps en prière et en réflexion, demandant à Dieu de vous révéler Sa vision pour votre vie. Notez ce que vous ressentez qu'Il vous guide dans différents domaines tels que la carrière, la famille, le ministère, la santé et la croissance personnelle.

2. Visualisez votre avenir :

• *Étape à suivre* : Créez un tableau de vision avec des images et des mots qui représentent vos objectifs et vos rêves. Placez-le dans un endroit où vous le verrez quotidiennement pour vous rappeler votre vision.

3. Développez une déclaration de vision :

• *Étape à suivre :* Rédigez une déclaration de vision concise qui résume votre objectif ultime. Cela devrait être une déclaration motivante qui vous inspire au quotidien.

4. Révisez et ajustez :

• *Étape à suivre :* Révisez régulièrement votre vision et vos objectifs. Apportez des ajustements si nécessaire pour rester aligné avec la direction de Dieu et les nouvelles idées que vous recevez en cours de route.

Chapitre 2

Utilisez votre foi

« Or la foi, c'est l'assurance des choses qu'on espère, la démonstration de celles qu'on ne voit pas. »

Hébreux 11:1

J osué, désormais à la tête de son peuple, faisait face à un immense défi : traverser le Jourdain pour revendiquer la terre promise. Il savait que cela ne serait pas facile. Le pays était peuplé d'adversaires aguerris, familiers avec le terrain, et les risques étaient nombreux, y compris la perte possible de vies humaines. Moïse les avait guidés en toute sécurité à travers le désert, mais désormais, Josué avait la responsabilité non seulement de les protéger, mais aussi de les conduire au combat.

Se tenant au bord du Jourdain, il devait choisir entre se retirer pour éviter la guerre et épargner des vies, ou avancer malgré les dangers. Choisissant d'aller de l'avant, il rassembla ses partisans en déclarant : « *Parcourez le camp, et voici ce que vous commanderez au peuple : Préparez-vous des provisions, car dans trois jours vous traverserez le Jourdain que voici pour aller conquérir le pays dont l'Eternel, votre Dieu, vous donne la possession.* » (Josué 1:11). Son appel n'était pas simplement un ordre, mais un message d'espoir et une invitation à l'action, exhortant son peuple à affronter les défis et à réaliser leur vision.

Mais la vraie question est : qu'est-ce qui a poussé Josué à conduire une armée aussi redoutable au combat ? C'était sa foi. Les premiers versets du livre de Josué montrent comment Dieu a insufflé à Josué une vision de la terre qui leur était destinée— non pas comme un territoire à conquérir, mais comme leur foyer légitime. Il a imaginé le peuple hébreu prospérant dans les limites fixées par Dieu, profitant des bienfaits de cette terre. Cette vision de l'avenir a guidé ses décisions et ses actions. La foi est essentielle pour entreprendre des conquêtes. La Bible définit la foi comme « *l'assurance des choses qu'on espère, la démonstration de celles qu'on ne voit pas.* » (Hébreux 11:1).

La foi est l'utérus dans laquelle les visions prennent naissance et grandissent. À l'image d'une femme enceinte qui, même avant l'accouchement, sent la vie grandir en elle, son bébé, bien qu'invisible et pas encore né, est aussi réel pour elle que tout ce qui est tangible. Cette connaissance intérieure la pousse à adopter des comportements qui favorisent le développement du bébé, jusqu'à sa naissance. De la même manière, votre vision grandit en vous grâce à la foi. Bien qu'elle ne soit pas encore manifestée dans le monde physique, elle est réelle pour vous, vous incitant à agir et à créer les conditions propices à sa réalisation jusqu'à ce qu'elle se concrétise. Par conséquent, la foi est indispensable pour que les visions évoluent en réalités tangibles.

La Bible regorge d'exemples d'hommes de foi, et l'un d'eux est Noé. Noé a construit une arche par la foi pour sauver sa famille, même si la terre n'avait jamais connu de déluge auparavant. C'était comme si quelqu'un, au milieu d'une région tropicale en Afrique, décidait de construire une station de ski en attendant la neige—cela serait tout simplement absurde. Pourtant, c'était le cas de Noé. Il construisit un énorme bateau sur une terre sèche, probablement moqué par ses contemporains, car personne ne pouvait imaginer un déluge imminent. Mais malgré cela, la conviction profonde de Noé en sa vision de protéger sa famille et les animaux sur une arche capable de résister à un déluge massif l'a motivé. Sa foi a rendu cette vision si réelle et convaincante qu'elle a surmonté tout doute ou moquerie.

Votre foi vous permet de ressentir et de percevoir des choses que les autres ne peuvent pas. Cela me rappelle une situation vécue un jour, alors que le technicien audiovisuel de l'entreprise dans laquelle je travaillais et moi vérifiions l'acoustique de plusieurs salles de conférence. En passant devant l'une des salles, il s'arrêta brusquement et, l'air troublé, me demanda : « Entends-tu ça ? » J'ai tendu l'oreille, mais je n'entendais rien. Il semblait vraiment ennuyé et s'est rapidement éloigné de la salle. Pensant d'abord à une blague, je ne l'ai pas pris au sérieux. Mais sa réaction m'a rendu curieux, alors j'ai demandé à un autre collègue qui passait s'il entendait quelque chose. Il m'a répondu que oui, qu'il entendait un son aigu désagréable provenant du plafond de la salle de conférence. J'étais surpris, car malgré mes efforts, je ne percevais rien.

Je me suis rappelé ensuite que, bien que les humains puissent entendre une gamme de fréquences sonores scientifiquement connue, ses limites varient d'une personne à l'autre. Certaines personnes entendent naturellement des sons aigus que d'autres ne perçoivent pas. C'était le cas de mes deux collègues. Ils pouvaient entendre un son inaudible pour moi. C'est exactement ainsi que fonctionne la foi. Elle te permet de percevoir des choses imperceptibles par d'autres. Ne vous inquiétez pas si ceux qui vous entourent ne voient pas, n'entendent pas et ne ressentent pas votre vision. Comme dans l'histoire ci-dessus, ils n'ont peut-être tout simplement pas la capacité de se connecter à votre vision.

Pendant mon adolescence, j'avais un rituel après l'école. Une fois rentré, je me retirais dans ma chambre et m'allongeais sur ce que l'on pourrait appeler mon lit : il était composé de deux malles alignées, sur lesquelles reposait un mince matelas en mousse, si léger que je pouvais sentir le métal froid et dur en dessous. Là, je fermais les yeux et m'immergeais dans ma vision de ma future vie. Parfois, je l'imaginais comme un film où je jouais le rôle principal. D'autres fois, je racontais cette vision au Seigneur comme une histoire. Plus je m'engageais dans cette pratique, plus ma vision grandissait en moi, se solidifiant au point de sembler non seulement probable, mais inévitable. Le temps était la seule barrière entre la réalisation de cette vision et moi.

Un jour, alors que je parlais au Seigneur de ma vision, une pensée m'a frappé : « Quand cette épreuve sera derrière moi, comment montrerai-je à mes enfants les difficultés que j'ai traversées ? » C'est alors que l'inspiration m'est venue. J'ai pris l'appareil photo de mon père et j'ai documenté les symboles de ma vie à l'époque : mon lit « spartiate », mes chaussures usées par les innombrables trajets vers et depuis l'école, et mon bureau d'étude—une autre malle métallique vieille et rouillée.

Pourquoi ai-je ressenti le besoin de capturer ces moments ? C'était ma foi qui me guidait. À ce moment-là, rien dans mon quotidien ne laissait entrevoir que ma vision se réaliserait. Mes circonstances étaient aussi peu prometteuses que le ciel de Noé lorsqu'il a commencé à construire l'arche. Mais, nourrie par la foi, ma vision non seulement persistait, mais prospérait, me rapprochant chaque jour du moment où elle se concrétiserait. J'étais certain que ce jour viendrait, et je voulais un souvenir tangible pour rappeler, à moi et mes enfants, d'où j'étais parti.

Réfléchissez et répondez

Réfléchir sur la fidélité de Dieu :

Exercice : Écrivez à propos d'un moment où vous avez expérimenté la fidélité de Dieu dans votre vie. Comment cette expérience a-t-elle renforcé votre foi et influencé vos actions ?

Méditation sur les Écritures :

Exercice : Choisissez un verset qui vous parle de la foi (par exemple, Hébreux 11:1). Passez 10 à 15 minutes à méditer sur ce verset. Notez toutes les idées ou révélations que vous recevez.

2.1. Faites grandir votre foi

Au début d'une grossesse, l'utérus d'une femme est un organe modeste, ne mesurant que quelques centimètres. À mesure que la grossesse progresse, il subit une transformation remarquable, s'étendant jusqu'à cinq fois sa taille initiale pour soutenir le bébé en pleine croissance. Cette expansion illustre bien le développement de la foi : pour qu'une vision grandisse et s'accomplisse, notre foi doit aussi s'élargir et se renforcer, sans quoi notre vision risque d'être étouffée.

La profondeur de votre foi dépend de votre proximité avec Dieu. Plus vous le connaissez intimement, plus votre confiance en Lui grandit. Cette relation personnelle avec Dieu va bien au-delà des pratiques religieuses ; elle ressemble à celle d'un ami intime avec qui vous partagez librement chaque aspect de votre vie dans une communication ouverte et sincère.

Tout comme l'utérus croît pour soutenir une nouvelle vie, la foi doit être nourrie pour soutenir une vision en expansion. Ce processus implique des épreuves et des moments d'incertitude qui vous poussent à faire confiance à Dieu d'une manière plus profonde. Chaque difficulté surmontée en comptant sur Lui élargit votre foi, la rendant plus résiliente et capable de porter votre vision. Bien que parfois inconfortable, ce cheminement est essentiel pour concrétiser ce que vous portez en vous.

Maintenant que nous comprenons l'importance de laisser notre foi grandir pour soutenir et concrétiser notre vision, la prochaine étape consiste à apprendre comment nourrir activement cette croissance. Tout comme un muscle a besoin d'exercice régulier pour devenir plus fort, la foi nécessite des pratiques intentionnelles qui approfondissent notre confiance en Dieu et élargissent notre capacité à croire en ce qu'Il a promis. Explorons quelques techniques pratiques qui peuvent vous aider à cultiver et renforcer votre foi, en veillant à ce qu'elle continue de croître en parallèle avec votre vision.

1. *Passez du temps avec Dieu*

Dieu n'est pas une force abstraite ou une figure distante qui surveille nos vies ; Il est un Père aimant, désireux d'entretenir une relation personnelle avec nous, Ses enfants. Cet aspect personnel de Dieu montre qu'Il ne se soucie pas uniquement des grands récits de l'univers, mais également des moindres détails de nos expériences quotidiennes. Il prend plaisir à interagir avec Ses enfants, se réjouissant de leurs prières, de leur adoration, et même de leurs conversations quotidiennes. Le désir de Dieu de se connecter avec nous souligne Sa nature aimante. Il ne se contente pas de tolérer notre présence ; Il l'apprécie activement, cherchant à construire des relations profondes et durables avec chacun de nous.

Comme toute relation significative, notre lien avec Dieu s'épanouit à travers la communication, la compréhension, et le temps passé ensemble. Soyez assuré que Dieu ne se lassera jamais de vous ; au contraire, votre présence Lui apporte de la joie. Tourner votre cœur vers Lui suscite une réponse active de Sa part, rendant Sa présence perceptible de diverses manières, parfois surprenantes. Vous pourriez parfois penser : "J'aime la présence de Dieu, mais j'ai du mal à entendre Sa voix." Reconnaître la voix de Dieu n'est pas quelque chose qui se fait du jour au lendemain. C'est une capacité qui se développe au fil du temps, grâce à une interaction régulière et sincère avec Lui. Pensez-y comme à l'apprentissage d'une nouvelle langue : plus vous la pratiquez, plus vous la comprenez. En passant du temps avec Dieu, vous apprenez progressivement à discerner Ses orientations, Son réconfort, et Sa sagesse dans votre vie, cultivant une confiance plus profonde en Lui.

Connaître Dieu change votre manière de voir le monde, alignant vos perspectives sur Sa volonté et Ses plans. Naturellement, faire confiance à Dieu devient une partie intégrante de cette relation profonde. Cette confiance est cruciale pour grandir dans la foi et naviguer à travers les incertitudes de la vie, offrant une base solide de paix et de sécurité. Votre relation avec Dieu est dynamique, évoluant au fil du temps et vous rapprochant de la compréhension de Sa nature. À travers cette relation, vous n'apprenez pas seulement à mieux connaître Dieu, mais vous devenez également un reflet de Son amour, impactant ainsi le monde qui vous entoure.

2. *Étudiez les Écritures*

Étudier les Écritures enrichit votre compréhension du caractère de Dieu et de Ses promesses, offrant une clarté précieuse au milieu des complexités de la vie. En vous plongeant dans la Parole de Dieu, vous découvrez le contexte historique de Ses actions dans l'histoire humaine, ainsi que Ses principes et les normes établies pour guider nos vies. Cette quête de connaissance construit une base solide de foi, permettant de discerner plus facilement la volonté de Dieu et d'aligner vos décisions sur Ses enseignements.

Les Écritures, remplies de récits de foi, de courage, de rédemption et d'amour, agissent comme une source d'espoir, rappelant que l'amour de Dieu pour Son peuple est inébranlable et que Son plan est parfait, même lorsqu'il dépasse notre compréhension. Interagir activement avec la Parole de Dieu à travers l'étude, la méditation et la prière renforce une relation personnelle avec le Créateur, permettant de développer une confiance plus profonde en Lui. Cette relation devient une source de force et de réconfort, surtout en période de trouble, et nous apprend à nous appuyer sur Ses promesses et à observer Sa fidélité révélée dans les Écritures.

De plus, l'étude des Écritures apporte la sagesse nécessaire pour faire des choix éthiques et vivre votre foi de manière concrète au quotidien. Elle guide les croyants dans l'adoption des vertus christiques – amour, compassion, intégrité, pardon – leur permettant de relever les dilemmes moraux avec discernement et d'incarner un mode de vie inspirant pour ceux qui les entourent. Ce processus continu de croissance et de transformation enrichit non seulement la foi personnelle, mais impacte également la communauté de manière positive.

3. *Demandez la foi*

Demandez tout ce que vous voulez à Dieu, Il vous écoute avec attention. Bien sûr, votre démarche doit être sincère et empreinte de droiture. Il n'y a aucune limite à ce que vous pouvez Lui demander, y compris une foi plus forte. Si vous aspirez à voir votre vision se réaliser, n'hésitez pas à solliciter Son aide. Cependant, il est essentiel de comprendre que bâtir une foi profonde ne se fait pas du jour au lendemain. Cela demande du temps pour établir une relation authentique avec Dieu, en s'humiliant et en cherchant à s'aligner sur Sa volonté, particulièrement en période de difficultés.

En Lui demandant de fortifier votre foi, vous reconnaissez humblement votre dépendance envers Lui et montrez votre désir sincère de vous rapprocher de Lui. Cette ouverture et cette humilité ouvrent la voie à une relation plus intime, où Sa présence et Sa fidélité peuvent agir pleinement dans votre vie.

De plus, le simple fait de demander une foi plus forte est en soi un acte de foi. En apportant vos doutes et vos peurs devant Lui, vous démontrez votre confiance en Sa capacité et Sa volonté de vous répondre. Paradoxalement, utiliser la foi pour demander plus de foi crée un cercle vertueux, où chaque réponse de Dieu fortifie un peu plus votre confiance et enrichit votre vie spirituelle.

En faisant cette demande, vous acceptez également que Dieu puisse répondre de manière inattendue. Reconnaître la limite de vos propres attentes permet à Dieu d'agir librement dans votre vie. Cette ouverture peut vous amener à des expériences et perspectives nouvelles, qui montrent que Ses voies sont bien supérieures aux nôtres. Chaque réponse à vos prières devient alors un témoignage vivant de Sa fidélité, renforçant votre confiance en Lui et votre foi.

Réfléchissez et répondez

Identifier les défis de la foi :

Exercice : Dressez la liste des domaines de votre vie où votre foi est actuellement mise à l'épreuve. Réfléchissez à la manière dont vous pouvez faire davantage confiance à Dieu dans ces domaines et prenez des mesures concrètes pour renforcer votre foi.

Journal de foi :

Exercice : Commencez un journal de foi. Chaque jour, notez une prière, un verset biblique, et la manière dont vous avez vu Dieu agir dans votre vie ce jour-là. Réfléchissez aux schémas et à la croissance au fil du temps.

2.2. Croyez en vous-même

La foi en Dieu est le fondement de nos vies, nous guidant à travers chaque défi et décision. Cependant, en plus de votre foi en Dieu, vous devez aussi croire en vous-même et reconnaître les capacités uniques que Dieu vous a données pour accomplir votre vision. Beaucoup de chrétiens font l'erreur de penser que tout doit venir uniquement d'en haut, oubliant que Dieu les a dotés de talents et de forces pour réaliser leurs visions. C'est comme s'attendre à ce que Dieu déplace des montagnes tandis que nous restons inactifs. Mais cela ne fonctionne pas ainsi. Dieu veut que vous soyez un participant actif dans votre parcours, comme le rappelle le verset de 1 Corinthiens 3:9a : « *Car nous sommes ouvriers avec Dieu.* » En d'autres termes, Dieu collabore avec vous ; vous êtes Son partenaire, œuvrant ensemble pour accomplir Ses plans.

En sollicitant sincèrement l'aide de Dieu, vous reconnaissez humblement votre dépendance envers Lui tout en acceptant vos propres responsabilités. Croire en vous-même, loin d'être une question d'orgueil, signifie reconnaître que vos talents sont des dons de Dieu destinés à être utilisés pour Sa gloire. En vous appuyant sur ces capacités, vous dites : « Seigneur, je crois que Tu m'as équipé pour cette tâche, et je ferai ma part tout en comptant sur Ton orientation. »

La confiance en soi est cette assurance intérieure en vos capacités, vous permettant d'agir avec détermination quelles que soient les circonstances. C'est un état d'esprit fondamental qui influence votre vie quotidienne et vous encourage à relever des défis, à persévérer et à saisir des opportunités. À l'inverse, un manque de confiance peut mener à l'hésitation et vous faire éviter des expériences qui favoriseraient votre croissance. Par exemple, une personne parfaitement qualifiée pourrait hésiter à postuler son emploi de rêve par crainte de l'échec ou du rejet. Cette peur la pousse à se contenter de rôles moins épanouissants, réduisant ainsi son potentiel et limitant sa satisfaction personnelle.

Mais voici la bonne nouvelle : la confiance en soi peut être un puissant catalyseur de changement positif. Lorsque vous avez une forte confiance en vous, vous êtes plus susceptible de faire face aux défis avec assurance et persévérance. Prenez un entrepreneur, par exemple, qui, animé par une confiance inébranlable, décide de lancer une nouvelle entreprise malgré les risques. Cette confiance non seulement le pousse à travailler dur, mais inspire aussi les autres à soutenir sa vision. Pensez aussi à un athlète qui, malgré les revers et les blessures, maintient une forte croyance en ses capacités. Cet état d'esprit l'aide à surmonter les obstacles et à atteindre un succès remarquable.

Même dans la Bible, il y a de nombreux exemples de confiance en soi qui ont conduit à des réalisations extraordinaires. David, un jeune berger, croyait en sa capacité à vaincre Goliath malgré les probabilités et les doutes des autres. Sa foi en lui-même et en la puissance de Dieu l'a conduit à la victoire et en a fait une figure légendaire. De même, Esther croyait en sa capacité à faire une différence et a courageusement approché le roi pour sauver son peuple, malgré les risques. Sa confiance en elle et son courage ont conduit à la préservation de la nation juive.

La science confirme également le pouvoir de la confiance en soi. Dans son livre « *Self-Efficacy : The Exercise of Control.* » le psychologue Albert Bandura a montré que les personnes ayant une grande confiance en elles sont plus susceptibles de se fixer des objectifs ambitieux et de persévérer pour les atteindre, même face aux obstacles. La psychologue Carol Dweck, dans son livre « *Mindset: The new psychology of success* », met en lumière l'impact d'un état d'esprit de croissance—une forme de confiance en soi—sur la réussite personnelle et académique. Ceux qui croient en leur capacité à grandir et à s'améliorer sont plus résilients et réussissent mieux dans divers aspects de la vie.

Signes d'un manque de confiance en soi

Pour vous aider à évaluer où vous en êtes et à mieux vous connaître, voici dix signes courants d'un manque de confiance en soi. Il ne s'agit pas d'une liste exhaustive :

- **Dialogue interne négatif** : Avoir fréquemment un discours intérieur négatif, douter de ses capacités et de sa valeur.
- **Procrastination** : Reporter des tâches ou éviter des responsabilités par peur de l'échec ou de l'inadéquation.
- **Peur de prendre des risques** : Éviter de nouveaux défis ou opportunités par crainte de l'échec ou du rejet.
- **Indécision** : Avoir du mal à prendre des décisions, se remettre souvent en question et chercher un soutien excessif chez les autres.
- **Perfectionnisme excessif** : Fixer des standards irréalistes pour soi-même et être excessivement critique envers sa propre performance.
- **Évitement des situations sociales** : Éviter les interactions sociales par peur d'être jugé ou mal perçu par les autres.

- **Manque d'affirmation de soi** : Avoir du mal à exprimer ses pensées, besoins ou désirs, en privilégiant souvent les opinions des autres au détriment des siennes.

- **Auto-sabotage** : Adopter des comportements qui nuisent à son succès, comme la procrastination ou l'évitement d'opportunités.

- **Importance excessive de la validation externe** : Dépendre fortement de l'approbation et de la validation des autres pour se sentir bien dans sa peau.

- **Difficulté à accepter les compliments** : Se sentir mal à l'aise ou incrédule lorsqu'on reçoit des éloges ou des compliments.

Développer la confiance en soi

Développer la confiance en soi nécessite le développement de la conscience de soi. Beaucoup pensent bien se connaître, mais la véritable conscience de soi est souvent difficile à atteindre. Dès notre plus jeune âge, notre perception de nous-mêmes est façonnée par les points de vue des autres, ce qui peut nous amener à adopter une identité définie de manière externe. Il est essentiel de s'engager dans une réflexion personnelle pour forger une image de soi basée sur vos propres croyances et sur l'affirmation divine, plutôt que sur celles imposées par autrui.

Les problèmes de confiance en soi sont courants, souvent parce que l'importance de la croyance en soi n'est pas suffisamment soulignée dans les familles ou les systèmes éducatifs. Il est crucial de cultiver la confiance en ses capacités dès l'enfance et de surmonter les obstacles tels que la surcritique ou une gestion trop stricte.

Beaucoup luttent, surtout lorsqu'ils essaient de nouvelles choses, principalement en raison d'un manque de confiance en eux et en leurs capacités. Se sentir inadéquat peut être difficile à surmonter, mais la confiance en soi est l'une des clés du succès. Avec une attitude positive et un état d'esprit orienté vers la victoire, il n'y a aucune limite à ce que vous pouvez accomplir. Voici quelques conseils pour renforcer votre confiance en vous :

- **Soyez bienveillant envers vous-même** : Reconnaissez que commettre des erreurs fait partie de l'expérience humaine. Ce sont des opportunités de croissance, non des reflets de vos capacités. Pardonnez-vous et adoptez une attitude résolument tournée vers l'avenir.
- **Faites des choses dans lesquelles vous excellez** : Vous engager dans des activités où vous réussissez renforce votre confiance en vous et démontre votre capacité à surmonter les défis, augmentant la satisfaction de vos réalisations.
- **Sortez de votre zone de confort** : Explorez votre potentiel en relevant des défis qui semblaient autrefois intimidants.
- **Sachez dire non** : Comprendre et fixer des limites est essentiel pour maintenir votre bien-être et favoriser votre croissance personnelle.
- **Dressez la liste de vos forces** : Garder une trace de vos attributs positifs renforce votre estime de vous-même et soutient votre confiance en vous lorsque vous poursuivez vos objectifs.

- **Fixez des objectifs réalisables** : Atteindre des objectifs réalistes est un moyen puissant de renforcer l'assurance en affirmant vos capacités.
- **Adoptez un discours interne positif** : Maintenez un dialogue intérieur positif. Contrer les pensées négatives par des affirmations améliorera votre image de vous-même.
- **Pratiquez la gratitude** : Se concentrer sur la gratitude peut changer votre perspective vers un regard plus positif, renforçant la confiance en vous et en vos capacités.
- **Créez des routines saines** : Des activités quotidiennes qui favorisent la santé mentale et physique peuvent considérablement renforcer votre estime de soi.
- **Vivez dans le présent** : Concentrez-vous sur le moment présent plutôt que de ruminer sur les erreurs passées, afin de progresser avec assurance.
- **Arrêtez de vous comparer aux autres** : Concentrez-vous sur votre propre chemin et vos réalisations pour cultiver une véritable confiance en vous.

Rappelez-vous que construire la confiance en soi est un voyage. Avancez pas à pas, en croyant en vous et en votre capacité à réaliser votre vision. Vous possédez la force d'un conquérant ; avec le bon état d'esprit, rien ne vous sera impossible.

Ainsi, en poursuivant votre vision, rappelez-vous que la foi en Dieu est effectivement essentielle. Mais il est tout aussi important d'avoir foi en vous-même. Croyez aux dons qu'Il vous a donnés et faites confiance au fait qu'Il vous guidera lorsque vous les utiliserez. Soyez proactif dans votre parcours, sachant que Dieu est votre partenaire à chaque étape. Avec Dieu comme guide et votre confiance en vous comme carburant, il n'y a aucune limite à ce que vous pouvez accomplir.

Avancez avec assurance, sachant que vous êtes ouvrier avec Dieu, prêt à bâtir, créer et réaliser votre vision.

Résumé

Ce chapitre a mis en lumière le rôle crucial de la foi dans l'accomplissement de votre vision. Nous avons exploré comment la foi est l'assurance des choses qu'on espère et constitue une preuve de ce qui est invisible, agissant comme un utérus pour votre vision en la protégeant, la nourrissant et lui permettant de grandir. Nous avons également souligné l'importance de la foi en vous-même, en reconnaissant que la confiance en soi est un élément essentiel dans votre parcours vers la réalisation de votre vision. À travers les récits bibliques de personnages comme David, Josué et Noé, nous avons appris que la foi en Dieu vous permet de voir au-delà de vos circonstances actuelles et de faire confiance aux promesses divines. Renforcer votre foi à travers l'intimité avec Dieu, l'étude des Écritures et la prière persévérante vous établit sur une base solide pour poursuivre votre vision.

Avoir une foi solide est essentiel, mais vous devez aussi être prêt au combat. Dans le prochain chapitre, nous allons réveiller le guerrier qui est en vous. Vous apprendrez à développer une mentalité de conquérant, à vous libérer des croyances limitantes, et à embrasser votre identité de guerrier. Préparez-vous à endosser votre rôle de puissant combattant dans l'armée de Dieu, prêt à conquérir votre terre promise.

Pratiques pour se transformer

1. **Renforcez votre foi :**

• *Étape à suivre* : Consacrez chaque jour du temps à l'étude de la Bible et à la prière. Utilisez des dévotionnels ou des guides d'étude biblique pour approfondir votre compréhension de la parole et des promesses de Dieu.

2. **La Foi en action :**

• *Étape à suivre* : Identifiez les domaines de votre vie où vous devez exercer la foi. Prenez des mesures concrètes vers ces objectifs, en faisant confiance à Dieu pour le résultat, même s'il semble incertain.

3. **Entourez-vous de constructeurs de foi :**

• *Étape à suivre* : Rejoignez un groupe d'étude biblique ou un petit groupe où vous pouvez partager votre cheminement et vous encourager mutuellement dans la foi. Entourez-vous de mentors et de modèles qui incarnent une foi solide.

4. **Documentez votre parcours de foi :**

• *Étape à suivre* : Tenez un journal de foi où vous consignez vos prières, les réponses à vos prières, et comment Dieu agit dans votre vie. Cela vous rappellera Sa fidélité.

5. **Priez avec audace :**

• *Étape à suivre* : Prenez l'habitude de prier avec audace et spécificité pour votre vision et vos objectifs. Faites confiance à Dieu pour faire infiniment plus que tout ce que vous demandez ou imaginez (Éphésiens 3:20).

Chapitre 3

Éveillez le guerrier

« L'Éternel est avec toi vaillant héros ! » Juges 6:12b

Dans l'environnement impitoyable du désert, Israël a traversé de grandes épreuves, qui ont non seulement éprouvé leur résilience, mais aussi forgé leur caractère. Ils ont également livré plusieurs batailles (Exode 17:8-15 ; Nombres 31:3-12 ; Deutéronome 2:36 ; Deutéronome 3:1-11), développant des compétences militaires et une expérience de combat essentielles pour leur survie. Parti de conditions modestes après leur fuite d'Égypte, Israël s'est affirmé comme une armée redoutable, prête à revendiquer la Terre Promise. Sous la direction de chefs audacieux comme Josué et Caleb, ce peuple, désormais aguerri, s'est engagé courageusement dans des campagnes pour s'approprier le territoire promis par Dieu.

3.1. Vous êtes un guerrier

La conquête de Canaan est une tâche destinée aux guerriers, et en effet, c'est ce que vous êtes. Chaque chrétien fait partie de la grande armée du Christ. Paul écrit dans 2 Timothée 2:3 : « *Souffre avec moi, comme un bon soldat du Christ-Jésus.* » Être soldat fait autant partie de notre identité chrétienne qu'être enfant de Dieu. La conversion n'est pas seulement une renaissance spirituelle, c'est aussi un enrôlement dans l'armée de Dieu, nous transformant en guerriers, comme un civil qui devient soldat dans une armée.

Dans l'ancienne alliance, les rois d'Israël et de Juda, ainsi que leurs fils, n'étaient pas seulement des dignitaires royaux ; ils étaient aussi des guerriers qui combattaient et dirigeaient les batailles. De même, nous, en tant qu'enfants de Dieu, nous ne sommes pas seulement des princes dans le royaume de Dieu, mais nous sommes aussi des guerriers. Le combat que nous menons va bien au-delà du spirituel. Satan attaque chaque aspect de notre existence, et il est donc trompeur de considérer notre combat comme uniquement spirituelle.

Engagez-vous dans vos combats

Tout comme les soldats doivent jouer un rôle actif au cœur des combats, vous jouez un rôle central dans la conquête de votre Canaan. Sans votre participation, la victoire reste insaisissable. Dieu n'a pas demandé aux Israélites d'attendre passivement près du Jourdain pendant qu'Il sécurisait leur terre ; au contraire, Il les a appelés à l'action, en leur assurant Sa présence. Souvent, nous imaginons que Dieu combat pour nous pendant que nous restons en retrait, mais cette attitude nous empêche de revendiquer notre Canaan. De nombreux chrétiens passent ainsi leur temps à attendre la délivrance divine, au lieu de s'engager aux côtés de Dieu dans le combat.

Bien que Dieu intervienne parfois directement, comme lors des batailles sous Josaphat ou Ezéchias où Il a semé la confusion parmi les ennemis (2 Chroniques 20:15-24 ; 2 Rois 19:32-35), ou encore en envoyant des pierres contre les Amoréens (Josué 10:10-14), ces interventions constituent des exceptions et non la règle. Ces récits montrent que Dieu peut agir, mais Il exige avant tout notre engagement actif. À l'image des Israélites qui ont marché autour de Jéricho avant d'entrer en combat, nous devons avancer avec foi et poser des actes concrets pour réaliser notre vision. La foi sans action est inefficace (Jacques 2:17). Il ne suffit pas de rester passif en espérant que Dieu s'occupera de tout ; vous devez être un acteur actif de votre propre transformation, affrontant vos doutes et vos peurs avec l'assurance que Dieu est avec vous.

Attendre passivement nous fait manquer l'occasion de développer les compétences, la résilience et le caractère nécessaires à la conquête de notre Canaan. Lorsque nous agissons avec foi, Dieu bénit nos efforts, et à travers eux, nous réclamons les victoires qu'Il a déjà préparées pour nous. Dieu honore l'audace et l'initiative ; n'hésitez donc pas à poursuivre votre Canaan avec conviction. En avançant et en assumant la responsabilité de votre parcours, vous montrez votre confiance dans le plan de Dieu et votre volonté de recevoir les bénédictions qu'Il vous a promises.

La victoire dépend largement de soldats bien formés et expérimentés ; aucun chef n'enverrait un soldat non préparé au combat. De même, Dieu nous guide à travers des épreuves non pas pour nous faire souffrir, mais pour nous préparer à la bataille. Tout comme un forgeron trempe l'acier, Dieu utilise les défis pour affiner notre caractère et notre foi. Ce processus nous enseigne persévérance, courage et résilience, nous façonnant en de véritables guerriers spirituels. Bien que ce chemin soit parfois difficile, il aboutit à un caractère forgé dans la force et la vertu.

Pour être vraiment prêt à conquérir votre Canaan, la volonté seule ne suffit pas : chaque défi est une occasion de renforcer et d'affiner le guerrier en vous, jusqu'à devenir un combattant inébranlable, prêt à affronter toute bataille. L'état d'esprit d'un guerrier est l'une de vos armes les plus puissantes.

Réfléchissez et répondez

Réflexion sur l'état d'esprit :

Exercice : Écrivez à propos d'un moment où vous avez affronté un défi important. Comment avez-vous réagi ? Réfléchissez à votre état d'esprit à ce moment-là et à la manière dont il vous a aidé ou freiné.

3.2. L'état d'esprit du guerrier

A l'époque de l'ancienne alliance, avant de se lancer dans une bataille, les officiers de l'armée d'Israël rappelaient la consigne de Deutéronome 20:8 : tout soldat ressentant de la peur ou manquant de courage était encouragé à se retirer des rangs. Cette directive souligne un principe essentiel : l'efficacité au combat dépend non seulement du nombre de soldats, mais aussi du courage de chacun. Le courage ne signifie pas l'absence de peur ; il consiste à reconnaître cette peur face au danger et à choisir d'avancer malgré elle.

Pensez à la bravoure d'un policier qui se dirige vers le danger tandis que d'autres fuient, ou à celle d'un pompier qui entre dans un bâtiment en flammes pour sauver des vies. Cette bravoure était indispensable pour Josué et ses troupes. Dieu lui-même exhorta Josué à être courageux, car il devait inspirer ses troupes tout en gardant un état d'esprit de guerrier face à des défis redoutables.

Dans les rangs militaires, l'état d'esprit du guerrier est essentiel et se cultive par un entraînement rigoureux. L'entraînement militaire ne se limite pas à des compétences physiques : il développe également la résilience, permettant aux soldats de maîtriser leur peur, de gérer le stress et de tirer des leçons des situations les plus éprouvantes. C'est pourquoi les forces d'élite suivent un entraînement intensif qui repousse leurs limites physiques et mentales, les préparant à affronter douleur, traumatisme et conditions extrêmes.

Au-delà du domaine militaire, la mentalité de guerrier est une force précieuse pour surmonter les défis de la vie quotidienne. Elle associe des compétences pratiques, une maîtrise psychologique et l'expérience acquise en situation réelle. Une telle mentalité vous équipe pour prendre des décisions sous pression et persévérer, même dans l'adversité.

Votre chemin vers la conquête de votre « Canaan » nécessite un esprit de guerrier similaire. L'histoire des Israélites montre que la force extérieure seule ne suffit pas ; sans le bon état d'esprit, il est impossible d'atteindre la victoire. Une attitude défaitiste ne peut ni conquérir votre Canaan ni vous conduire à la victoire. Développer la bonne mentalité signifie embrasser les défis et se préparer à affronter les batailles à venir avec courage et détermination.

La résilience mentale

La résilience mentale est un attribut essentiel pour tout guerrier, en particulier sur le chemin de la conquête de votre Canaan personnel. Elle consiste à rebondir face aux difficultés et à maintenir une perspective stable et positive, même en pleine adversité, ce qui permet de rester concentré et motivé sans se laisser submerger. La Bible offre de nombreux exemples de cette force mentale : Joseph, qui monta au pouvoir malgré de nombreux revers, et David, qui resta fidèle à Dieu malgré ses ennemis. Cette capacité de résilience aide à surmonter les tempêtes de la vie et à en ressortir plus fort, plus déterminé, et plus proche de la vision que Dieu a pour vous.

Développer la résilience mentale demande une pratique régulière et un engagement envers la croissance personnelle. Un exercice efficace pour y parvenir est la pratique quotidienne de la gratitude. Chaque jour, prenez quelques instants pour noter trois choses positives ; cela déplace votre attention des difficultés vers ce qui va bien, réduisant le stress et l'anxiété, et favorisant ainsi un état d'esprit plus stable. De même, une activité physique régulière peut renforcer cette résilience en réduisant les hormones du stress, en améliorant l'humeur et en soutenant le bien-être physique et mental.

> **Réfléchissez et répondez**
>
> **Déclaration du guerrier :**
>
> *Exercice* : Rédigez une déclaration affirmant votre identité de guerrier en Christ. Incluez des affirmations sur votre force, votre courage et votre résilience. Lisez cette déclaration chaque jour et réfléchissez à la manière dont elle influence vos actions.

3.3. Se libérer de la mentalité d'esclave

Votre état d'esprit, qu'il soit celui d'un esclave ou d'un guerrier, influence profondément votre attitude, vos actions, vos résultats et la manière dont Dieu intervient dans votre vie. Considérez l'histoire de Nombres 13:1-33, où les Hébreux, après avoir exploré Canaan, se concentrèrent sur les obstacles plutôt que sur les promesses, une perspective défaitiste qui les conduisit à errer dans le désert pendant 40 ans. Ce n'est qu'après avoir adopté une mentalité de guerrier que, des années plus tard, un autre groupe d'espions put affirmer avec conviction que Dieu leur livrait le pays. Leur parcours illustre que même avec le soutien divin, une mentalité d'esclave empêche d'avancer et limite la possibilité de victoire.

La mentalité d'esclave représente une limitation interne bien plus puissante que des chaînes physiques, car elle est invisible, persistante et souvent transmise de génération en génération. Par exemple, un parent qui décourage un enfant de poursuivre ses rêves peut inconsciemment lui transmettre cette croyance limitante, qui l'empêchera de réaliser son potentiel, même à l'âge adulte. Une anecdote personnelle illustre cela : lors de ma première année d'école, un six sur dix m'avait rendu fier, mais mon père, au lieu de félicitations, réagit avec colère. Ce moment marqua profondément mes années scolaires et affecta durablement mon estime de soi. Ce n'est que bien plus tard que je parvins à me libérer de ces jugements.

Ces chaînes invisibles influencent notre perception de nous-mêmes, nos relations et les choix que nous faisons. Le « syndrome du bébé éléphant » illustre bien cette idée : attachés dès leur jeune âge, les éléphants finissent par abandonner toute tentative de se libérer, et même devenus adultes, ils ne remettent plus en question leur capacité à se libérer. Leurs expériences passées les ont conditionnés à une incapacité qu'ils croient permanente, même si la réalité est différente.

Contrairement aux éléphants, nous avons le pouvoir de reconnaître et de briser ces limites invisibles. En adoptant une mentalité de guerrier, nous pouvons embrasser pleinement la liberté et avancer vers notre potentiel.

Voici des stratégies pour vous libérer d'une mentalité d'esclave et révéler votre véritable potentiel :

1. Apprenez à vous connaître

Explorez qui vous êtes La découverte de soi est cruciale pour identifier les chaînes invisibles qui freinent votre réussite. Passez en revue vos expériences passées pour mieux comprendre vos passions et vos capacités. En prenant le temps de réfléchir sur vous-même, vous pourrez reconnaître vos talents uniques et établir une base solide pour réaliser votre vision. Comme l'a dit Myles Monroe : « Tout le monde a un but et une vision uniques écrits dans leur cœur. »

Étapes pratiques pour la découverte de soi :

- Journalisation et réflexion : Notez régulièrement vos pensées, vos sentiments et vos expériences.
- Questions d'autoréflexion : Explorez vos valeurs, intérêts et objectifs.
- Pratique de la pleine conscience : Observez vos pensées et émotions sans jugement.
- Exploration : Sortez de votre zone de confort pour découvrir de nouveaux talents.
- Retour constructif : Demandez des évaluations honnêtes de vos proches pour mieux comprendre votre impact sur les autres.

2. Éliminez les croyances limitantes

Les croyances limitantes, souvent formées dès l'enfance, peuvent entraver vos ambitions. En identifiant et en réévaluant ces pensées négatives, vous pouvez commencer à les remplacer par des croyances positives qui renforcent votre potentiel.

Stratégies pour surmonter les croyances limitantes :

- Identifier les pensées négatives : Observez votre dialogue intérieur, en particulier dans les moments de difficulté.
- Remettre en question vos croyances : Cherchez des contre-exemples pour invalider vos croyances limitantes.
- Reformuler votre récit : Remplacez les pensées limitantes par des affirmations positives et inspirantes.

- Chercher l'inspiration : Observez des personnes ayant surmonté des obstacles similaires pour vous encourager.
- Progression par étapes : Décomposez vos objectifs en étapes gérables pour renforcer des croyances positives.

3. Transformez vos faiblesses en forces

Considérez vos faiblesses comme des opportunités de croissance. En travaillant dessus, vous renforcez votre polyvalence et devenez plus résilient face aux défis.

Stratégies pour améliorer vos faiblesses :

- Identifier les domaines d'amélioration : Obtenez des retours ou faites preuve d'autoréflexion.
- Rester positif et persévérant : Abordez chaque difficulté comme une chance d'évolution.
- Chercher du soutien : Sollicitez de l'aide de mentors ou d'amis pour progresser plus efficacement.
- Expérimenter et innover : Si une approche échoue, essayez de nouvelles solutions adaptées à vos besoins.
- Célébrer les progrès : Soyez patient et célébrez chaque amélioration.

4. Assumez vos responsabilités

La procrastination et les excuses sont des freins courants à l'accomplissement de nos objectifs. Pour libérer votre potentiel, engagez-vous à prendre vos responsabilités et à éviter le blâme.

Conseils pour assumer vos responsabilités :

- Accepter la peur : Reconnaissez la peur, mais avancez malgré elle en trouvant des stratégies pour la surmonter.
- Éviter la suranalyse : Priorisez l'action pour éviter l'indécision et les occasions manquées.
- Apprendre de ses erreurs : Considérez les revers comme des opportunités d'apprentissage et de croissance.
- Fixer des objectifs réalistes : Alignez vos ambitions avec vos capacités actuelles.
- Cesser de blâmer les autres : Prenez pleine responsabilité de vos résultats et concentrez-vous sur l'amélioration.

5. Modérez votre sensibilité émotionnelle

Bien que l'intelligence émotionnelle soit un atout, une sensibilité excessive peut limiter votre progression. En gérant vos émotions de manière constructive, vous pourrez avancer plus sereinement.

Stratégies pour gérer votre sensibilité émotionnelle :

- Ne pas prendre les choses personnellement : Rappelez-vous que les paroles et actions des autres reflètent souvent leur propre perspective.
- Gérer vos émotions constructivement : Si les choses ne se déroulent pas comme prévu, adoptez une perspective axée sur les solutions.
- Pratique du journal intime : Écrivez vos émotions pour mieux les comprendre et les traiter.

- Tolérance à l'inconfort : Acceptez les moments de difficulté et cherchez des distractions saines pour surmonter le stress.
- Prendre soin de soi : Reposez-vous, mangez bien et n'hésitez pas à demander de l'aide professionnelle si nécessaire.

En intégrant ces stratégies, vous pouvez surmonter les obstacles, renforcer votre résilience et poursuivre vos objectifs avec efficacité et satisfaction.

Réfléchissez et répondez

Journal des croyances limitantes :

Exercice : Identifiez trois croyances limitantes que vous avez à propos de vous-même. Écrivez sur l'origine de ces croyances et comment elles ont affecté votre vie. Réfléchissez à la manière dont vous pouvez remplacer ces croyances par des vérités inspirantes.

3.4. Libérez le guerrier en vous

Dans chacun de nous sommeille un guerrier capable de surmonter les plus grands obstacles et de réaliser des objectifs ambitieux. Cette section vous guidera pas à pas pour éveiller cette force intérieure, briser les limites et libérer le potentiel puissant qui attend d'être activé, en expliquant les quatre actions essentielles pour libérer le guerrier en vous.

1. Croyez en vous-même

Comme nous l'avons vu dans le chapitre précédent, la confiance en soi est essentielle pour une attitude positive et augmente vos chances de succès. Elle est le point de départ pour éveiller votre guerrier intérieur : croire en vous-même et reconnaître votre capacité à atteindre vos objectifs met tout le reste en mouvement. Le commandement divin donné à Josué d'être fort et courageux souligne cette responsabilité personnelle de cultiver la confiance, une qualité centrale pour développer un esprit de guerrier.

La confiance en soi alimente votre motivation, vous pousse à saisir les opportunités, à affronter les défis et à transformer les échecs en occasions de croissance. Elle est indissociable de la motivation ; sans elle, celle-ci s'affaiblit, ce qui peut limiter votre progression. En construisant votre confiance, vous cultivez également un état d'esprit positif, des compétences en gestion émotionnelle, en prise de décision, en résilience, et vous renforcez votre espoir et vos relations.

Rappelez-vous que le chemin vers le succès est parsemé de difficultés, mais une croyance inébranlable en vous-même vous aidera à rester résilient, vous permettant de surmonter les tempêtes et d'activer votre véritable potentiel.

2. Développez une mentalité de guerrier

Surmonter les défis de la vie exige du dévouement et un esprit de guerrier, surtout si vous aspirez à de grandes réalisations. Accepter que des obstacles surgiront et cultiver votre résilience pour les surmonter sont essentiels à votre succès. Cela implique de sortir de votre zone de confort, de dépasser vos limites, de mener des actions décisives et de renforcer votre confiance en vous.

Souvent, nous nous imposons des barrières en préférant la sécurité du familier à l'inconfort de l'inconnu, ce qui limite notre progression. Se libérer de ces contraintes auto-imposées est indispensable pour gagner en clarté et avancer vers nos aspirations. Bien qu'il soit facile de se contenter de notre situation actuelle, le véritable progrès nécessite un état d'esprit de victoire et de résilience, car vous êtes destiné à bien plus.

Comment développer cet état d'esprit de guerrier et vous préparer aux défis à venir ? Voici plusieurs approches :

- Utilisez les situations difficiles à votre avantage : Les défis et difficulté de la vie, bien que souvent indésirables, peuvent forger un véritable esprit de guerrier. Votre attitude face à ces situations est primordiale. Dans l'armée, les soldats endurent un entraînement strict pour repousser leurs limites : beaucoup fléchissent, mais ceux qui persévèrent en ressortent plus forts, développant une mentalité de guerrier. De même, des figures bibliques comme Joseph, Moïse et David ont traversé de grandes épreuves avant d'atteindre la grandeur, nous rappelant que les épreuves sont souvent les précurseurs du triomphe.
- Cultivez votre esprit combatif : Cela signifie avoir la détermination de faire face à l'adversité et d'avancer malgré les obstacles. Il s'agit de voir les défis comme des opportunités de croissance, de garder son sang-froid sous pression et de transformer les doutes en réussites. Cet esprit repose sur la résilience, non sur l'agression—c'est trouver le courage d'affronter chaque situation et de viser le succès.

- Défiez-vous constamment : Fixez-vous régulièrement des objectifs personnels, que ce soit dans l'entraînement, la compétition ou les activités quotidiennes. Atteindre ces objectifs renforce votre motivation, alimentant ainsi votre volonté d'exceller et de dépasser vos limites.
- Contrôlez vos pensées : La pensée négative peut freiner le développement d'un esprit combatif solide. Remplacez activement les pensées pessimistes par des affirmations positives pour adopter une perspective plus optimiste.
- N'abandonnez pas : La persévérance est essentielle : continuez à avancer vers vos objectifs, même lorsque les progrès sont lents. Renforcez votre résilience mentale pour surmonter les obstacles.
- Affrontez vos peurs : Il est important de faire face à vos peurs, car celles qui restent non affrontées peuvent freiner votre progression. Confrontez-les avec courage—elles sont souvent moins redoutables qu'elles ne le semblent.

En adoptant ces pratiques, vous développerez la résilience nécessaire pour poursuivre vos ambitions sans relâche et atteindre les résultats souhaités.

3. Identifiez vos forces

Découvrir vos forces est essentiel pour construire une vision claire de vous-même. Bien que beaucoup pensent les connaître, atteindre une véritable conscience de soi demande une observation attentive et une réflexion profonde. En prenant le temps de lister vos compétences, vous identifiez non seulement vos points forts, mais révélez aussi des talents exploitables sur le marché, contribuant ainsi à une vision alignée avec votre potentiel réel.

Voici quelques approches pour identifier vos forces fondamentales :

- Réfléchissez à ce qui vous passionne : Engagez-vous pleinement dans les activités que vous aimez. Cet engagement peut révéler vos talents et forces innées.
- Accueillez les retours constructifs : Les remarques des autres offrent souvent des perspectives précieuses sur vos capacités. Acceptez-les pour affiner et perfectionner vos forces.
- Demandez des opinions de personnes confiance : Sollicitez activement les avis de personnes de confiance. Leurs perspectives peuvent révéler des aspects cachés de vos compétences et favoriser votre croissance.
- Explorez avec des tests de personnalité : Ces évaluations peuvent faire ressortir des qualités interpersonnelles et de leadership, élargissant votre compréhension de vos forces.
- Repérez les schémas de reconnaissance : Soyez attentif aux éloges récurrents que vous recevez ; ils peuvent indiquer vos forces uniques.
- Identifiez vos moments de productivité : Remarquez quand vous êtes le plus productif pour comprendre comment et quand vos forces se manifestent.
- Repoussez vos limites : Sortir de votre zone de confort peut révéler des forces insoupçonnées et renforcer votre confiance. En vous défiant régulièrement, vous pourrez développer davantage ces compétences.

Donald O. Clifton, psychologue américain, recommande de nous observer dans diverses activités pour identifier ce qui nous vient naturellement et où résident nos passions. Si une activité ne suscite pas votre intérêt, passez à autre chose jusqu'à trouver celle qui le fait. Avec le temps, vos talents dominants deviendront évidents, vous permettant de les affiner en forces redoutables.

4. Travaillez sur vos vieilles blessures

Rester ancré dans les expériences passées peut vous immobiliser et obscurcir un avenir prometteur. L'introspection est essentielle : elle vous aide à comprendre vos capacités et à identifier ce qui vous retient. En vous libérant des rancunes et des fardeaux émotionnels, vous ouvrez la voie au progrès. Les problèmes non résolus se manifestent souvent par l'autocritique, la peur de l'échec ou des comportements qui affaiblissent la confiance en soi et freinent votre élan. Traiter ces blessures vous permet de sortir de l'ombre du passé, renforçant votre estime et offrant une vision plus saine de vous-même. Ce processus améliore également votre résilience, votre intelligence émotionnelle et votre capacité à nouer des relations plus profondes.

Voici quelques raisons pour lesquelles guérir les vieilles blessures est essentiel pour un état d'esprit de guerrier :

- La guérison favorise la croissance : Les blessures émotionnelles, comme les blessures physiques, peuvent entraver votre potentiel. En vous libérant de la colère, de la honte ou de la culpabilité, vous ouvrez la voie à la joie, à la satisfaction et à la croissance personnelle.

- Elle améliore la conscience de soi : Explorer les vieilles blessures révèle des aspects cachés de votre personnalité, des croyances et des schémas qui influencent vos décisions. Cette compréhension vous permet d'agir en accord avec vos valeurs.
- Elle renforce les relations : Les blessures non résolues peuvent compliquer vos relations en affectant la confiance et l'intimité. Guérir ces blessures permet de construire des relations plus profondes et épanouissantes.
- Elle réduit la négativité : Les blessures non traitées perpétuent souvent des émotions et comportements destructeurs. Travailler sur ces problèmes favorise une meilleure gestion émotionnelle et des stratégies d'adaptation plus saines, menant à une vision plus positive.
- Elle développe la compassion envers soi-même : La guérison implique d'adopter une attitude bienveillante envers soi-même. En reconnaissant l'impact de vos expériences, vous apprenez à vous pardonner, renforçant ainsi votre résilience face aux défis.

Stratégies pour guérir les vieilles blessures

Voici des étapes pour amorcer la guérison des vieilles blessures :

- Reconnaissez et identifiez vos blessures : Commencez par repérer les événements passés qui déclenchent des émotions négatives ou du doute de soi. Tenir un journal ou en parler avec un confident ou un thérapeute peut vous apporter de la clarté.

- Ressentez pleinement vos émotions : Plutôt que de réprimer la douleur, la colère ou la tristesse, laissez-vous les ressentir sans jugement, car ces émotions font partie du processus de guérison.
- Pratiquez la compassion envers vous-même : Traitez-vous avec douceur et patience, en acceptant que la vulnérabilité fait partie de la vie. Accordez-vous le même soutien que vous offririez à un ami.
- Reformulez votre récit : Votre passé ne doit pas définir votre avenir. Questionnez toute croyance négative associée aux blessures et transformez votre histoire en une source de pouvoir.
- Cherchez du soutien : La guérison est un chemin difficile, et un thérapeute ou un conseiller peut vous offrir un environnement sûr pour avancer sereinement.

Rappelez-vous, la guérison est un voyage, pas une course. Traitez-vous avec bienveillance et patience, et savourez chaque pas en avant vers la guérison.

Réfléchissez et répondez

Confrontation de la peur :

Exercice : Listez vos trois plus grandes peurs. Réfléchissez à l'origine de ces peurs et à la manière dont elles ont affecté votre vie. Écrivez sur les étapes que vous pouvez suivre pour confronter et surmonter ces peurs.

Évaluation des forces :

Exercice : Réfléchissez à vos forces et à la manière dont elles vous ont aidé par le passé. Écrivez sur la manière dont vous pouvez tirer parti de ces forces dans votre situation actuelle pour atteindre vos objectifs.

Résumé

Dans ce chapitre, nous avons découvert comment éveiller le guerrier en nous, en réalisant que chaque chrétien est un soldat appelé à devenir un combattant aguerri dans l'armée de Dieu. Nous avons appris à développer une mentalité de guerrier, à surmonter la mentalité d'esclave et à embrasser notre identité de conquérants. En bâtissant la résilience, en exploitant notre force intérieure et en cultivant le courage, nous nous préparons à affronter de front les batailles de la vie.

En tant que guerriers, il est essentiel de se rappeler qu'on ne peut tout accomplir seul. Construire des alliances et s'entourer de personnes bienveillantes amplifie nos efforts et nous rapproche de notre vision. Dans le prochain chapitre, nous explorerons le pouvoir des alliances et la façon dont ces relations stratégiques peuvent être déterminantes dans votre parcours.

Pratiques pour se transformer

1. Identifier et se libérer des croyances limitantes :

• *Étape à suivre* : Notez les croyances ou pensées négatives qui vous retiennent. Remettez-les en question à l'aide des Écritures et d'affirmations positives.

2. Développer une mentalité de guerrier :

• *Étape à suivre* : Engagez-vous dans des affirmations quotidiennes qui renforcent votre identité de conquérant en Christ. Prononcez des déclarations de force, de courage, et de victoire sur votre vie.

3. Affrontez vos peurs :

• *Étape à suivre* : Identifiez une peur qui vous freine. Faites un petit pas pour la confronter et la surmonter, en faisant confiance à Dieu pour être avec vous.

4. Renforcez votre résilience physique et mentale :

• *Étape à suivre* : Intégrez à votre routine de l'exercice physique régulier et des pratiques de résilience mentale, telles que des exercices de respiration profonde.

5. Célébrez les petites victoires :

• *Étape à suivre* : Reconnaissez et célébrez chaque victoire, même minime. Cela renforcera votre confiance et vous encouragera à continuer d'avancer.

Chapitre 4

Formez des alliances

« De même, si l'on se couche à deux, on a chaud ; mais celui qui est
seul, comment se réchauffera-t-il ? Si quelqu'un maîtrise un homme seul,
deux peuvent lui résister, la corde à trois brins ne se rompt pas vite. »
Ecclésiaste 4:11-12

Dans notre monde au rythme effréné, croire que nous pouvons tout accomplir seuls est à la fois stimulant et souvent trompeur. Le véritable succès repose souvent sur la collaboration. S'entourer d'alliés et de relations qui favorisent la croissance est essentiel pour réussir. Pensez aux alliances stratégiques formées en temps de conflit : les alliés peuvent véritablement changer la donne.

L'histoire des 12 tribus d'Israël sous la direction de Josué illustre bien la puissance de l'action collective. Bien que certaines tribus aient sécurisé leurs terres à l'ouest du Jourdain, les tribus de Ruben, de Gad et la demi-tribu de Manassé se sont engagées à soutenir les autres dans leurs conquêtes, démontrant l'importance cruciale des alliances et du soutien mutuel (Josué 1:12-15).

Tout comme les tribus d'Israël ont prospéré grâce à l'unité et au soutien mutuel sous la direction de Josué, mes expériences personnelles dans le leadership de l'église illustrent également le pouvoir transformateur de la collaboration et de la vision partagée.

Dans ma jeunesse, j'ai occupé divers rôles au sein de mon église locale, notamment celui de Berger adjoint dans l'une des cellules de prière appelée « La Louange ». Ces cellules étaient de petits groupes d'une dizaine de membres de l'Église vivant dans le même voisinage, qui se réunissaient pour prier, partager la parole de Dieu et se soutenir mutuellement. Après ma promotion au rôle de Berger de la cellule La Louange, celle-ci est passé d'une dizaine de membres à plus de cent en quelques semaines, devenant ainsi la plus grande et la plus inspirante cellule de l'église, et une référence pour les autres cellules. Vous pourriez penser que cette croissance rapide était due à mon leadership, mais ce n'était pas tout à fait le cas.

Après avoir pris la direction de la cellule La Louange, j'ai rencontré un frère qui était également responsable de l'école du dimanche à l'époque. Ce frère a accepté de devenir mon Berger adjoint, et nous partagions la même vision de ce qu'une cellule d'église devait être. Sa présence a véritablement dynamisé le groupe, car de nombreuses idées, projets et initiatives que nous avons mis en œuvre venaient de lui. Il était le cœur et l'âme de notre cellule, et sans son apport, elle n'aurait jamais prospéré comme elle l'a fait. Ses contributions ont été essentielles, et nous sommes rapidement devenus des amis inséparables, travaillant en parfaite synergie.

Ensemble, nous avons également créé un groupe de théâtre chrétien, « Changeons de Mentalité », qui a influencé la culture de notre église et diffusé des pièces sur l'une des plus grandes chaînes de télévision chrétienne de notre pays. Notre alliance et notre collaboration ont rendu ces réalisations possibles, et nous restons des amis proches à ce jour.

Lorsque je ferme les yeux et que je réfléchis à qui je suis, à ce que j'ai, et à ce que j'ai accompli jusqu'à présent, les noms et les visages de nombreuses personnes me viennent à l'esprit : des personnes qui ont ouvert des portes que je ne pouvais franchir seul, qui m'ont offert des opportunités inconnues, qui m'ont poussé à des hauteurs inaccessibles seul et qui se sont tenues à mes côtés dans mes batailles.

Vous avez besoin d'alliés

Naviguer dans les complexités de la vie n'est pas une aventure solitaire. Les humains sont des créatures sociales, conçues pour rechercher et apprécier les connexions. La pyramide des besoins de Maslow l'illustre bien, en plaçant l'appartenance et l'amour parmi les motivations humaines fondamentales, juste après les besoins physiologiques et de sécurité. Chacun aspire à faire partie d'une communauté, à se sentir soutenu et à interagir avec les autres. La diversité des talents et compétences autour de nous révèle la puissance de la collaboration, car nul ne possède toutes les compétences nécessaires pour tout accomplir seul.

Il y a quelques années, lors d'une visite chez un ami, j'ai rencontré une femme passionnée par l'agriculture. Elle m'a raconté comment elle avait appris à jardiner et cultivait des légumes biologiques dans son potager, produits que ses amis admiraient. Elle envisageait de créer une entreprise pour vendre ses produits, et son idée était excellente, alors je l'ai encouragée. Cependant, au fil de la conversation, j'ai réalisé qu'elle n'avait aucune expérience en gestion d'entreprise. Je lui ai donc conseillé de s'associer avec des personnes capables de gérer les aspects administratifs, pour qu'elle puisse se concentrer sur la production, son domaine d'expertise.

Elle m'a regardé en silence, puis m'a dit que c'était son projet à elle seule, qu'elle ne faisait confiance à personne et qu'elle préférait travailler en solitaire. Aujourd'hui encore, elle cultive des légumes dans son jardin, mais son grand projet d'entreprise n'a jamais vu le jour. Beaucoup se retrouvent dans cette situation : ils possèdent un talent naturel qu'ils aimeraient monétiser—qu'ils soient cuisiniers, coiffeurs, mécaniciens ou jardiniers—ou ont des projets brillants, mais l'absence d'alliés pour contribuer efficacement empêche leur vision de se développer.

Les histoires de réussite à travers le monde soulignent une vérité essentielle : même les individus les plus prospères n'ont pas accompli leurs réalisations seuls. Prenez Bill Gates, par exemple. Bien qu'il soit souvent crédité comme la force motrice derrière Microsoft, son succès n'aurait pas été possible sans son partenariat avec Paul Allen, qui a cofondé l'entreprise et joué un rôle crucial dans le développement des premiers logiciels. Ensemble, ils ont combiné leurs compétences et leur vision, créant la base de ce qui allait devenir l'une des entreprises technologiques les plus influentes au monde.

De même, Steve Jobs et Steve Wozniak ont cofondé Apple, et c'est la complémentarité de leurs talents qui a conduit à leurs innovations révolutionnaires. Jobs était le visionnaire et le génie du marketing, tandis que Wozniak était le maître technique derrière les premiers ordinateurs Apple. Sans le génie en ingénierie de Wozniak, Apple n'aurait peut-être jamais atteint la stature de géant technologique qu'elle a aujourd'hui. Leur collaboration montre que le succès nécessite souvent des partenariats où chacun apporte des forces uniques à la table.

Ces exemples sont clairs : le succès est rarement atteint en isolation. Il est le fruit de la collaboration, du travail d'équipe, et des contributions précieuses de partenaires clés qui aident à donner vie à une vision.

La qualité de vos alliances compte

Le degré de succès que vous atteignez dépend fortement de la qualité des personnes qui vous entourent. Des recherches menées par le Centre pour le Comportement Adaptatif et la Cognition de l'Institut Max Planck montrent que notre prise de décision et la justesse de nos jugements sont façonnées par l'influence sociale : nous sommes naturellement influencés par notre cercle social en fonction de la confiance et des opinions de nos pairs.

Les personnes positives, bienveillantes et inspirantes nous incitent à progresser, à voir notre potentiel, et ouvrent des portes vers de nouvelles opportunités grâce à leurs encouragements et conseils. À l'inverse, des relations négatives peuvent limiter notre progression, diminuer notre enthousiasme et nous détourner de nos objectifs. En somme, notre entourage influence nos décisions et les chemins que nous empruntons ; c'est pourquoi entretenir des relations qui nous élèvent est essentiel pour atteindre notre plein potentiel et réussir de façon durable.

Exemples bibliques d'alliances fortes

Explorons quelques figures bibliques emblématiques, en commençant par le roi David, un homme décrit comme étant selon le cœur de Dieu. Dès sa jeunesse, la bravoure de David était légendaire, posant les bases de son règne en tant que roi dont la vaillance et l'héroïsme étaient reconnus partout. Respecté et craint par ses sujets ainsi que par les nations voisines, il s'est forgé une réputation de leader redoutable et inégalé. Cependant, malgré sa bravoure, David n'a pas remporté ses victoires seul.

La Bible nous présente les « vaillants guerriers » — Josheb-Basshebeth, Éléazar, et Shamma (2 Samuel 23:8-39) — des combattants d'une compétence et d'un héroïsme exceptionnels, surpassant même ceux de David. À leurs côtés se trouvaient une trentaine d'autres guerriers loyaux et courageux. Ensemble, ils combattaient aux côtés de David et menaient ses armées vers de nombreuses victoires. Ainsi, le succès de David au combat ne reflétait pas seulement sa bravoure, mais aussi sa capacité à s'entourer de guerriers talentueux qui ont contribué à son héritage.

David savait également qu'il ne pouvait gouverner seul et s'appuyait sur des conseillers de grande sagesse comme Ahithophel, Jonathan, Houshaï, et d'autres, dont les conseils éclairés étaient profondément valorisés. Bien qu'ils ne fussent pas prophètes, leurs avis judicieux étaient au cœur de sa stratégie de leadership, illustrant l'importance d'un entourage compétent et engagé.

Pensez-vous que David aurait pu mener ses guerres et gouverner sans le soutien de ces personnes ? Certainement pas.

Chacun d'eux a joué un rôle essentiel dans ses succès et dans le renforcement de son règne.

Un autre exemple est celui de Moïse lors de la construction du Tabernacle. Bien qu'il en ait eu la vision, il ne possédait ni les compétences artisanales ni les ressources pour la concrétiser seul. Cet exemple montre combien il est important de s'entourer de personnes aux talents complémentaires et alignées sur une vision commune, afin de transformer celle-ci en réalité.

La famille, notre premier cercle d'alliés

Dès le départ, la famille nous est donnée comme premier cercle de soutien, offrant soins, conseils et protection essentiels à notre développement. C'est au sein de ce cercle que nous apprenons des valeurs clés comme l'amour, le sacrifice et la résilience, et que nous développons des compétences en empathie, communication et travail d'équipe, précieuses dans nos interactions sociales plus larges. La famille façonne notre vision du monde et de nous-mêmes, et son soutien solide renforce notre confiance pour affronter les défis de la vie.

Cependant, tout le monde n'a pas la chance de bénéficier d'un milieu familial épanouissant. Pour ceux qui ne trouvent pas ce soutien dans leur famille, la vie offre la possibilité de construire un réseau de relations significatives en dehors du cercle familial. Des amis, mentors ou collègues peuvent devenir une "famille choisie", offrant soutien et inspiration. Les systèmes de soutien peuvent ainsi évoluer et enrichir nos vies de diverses manières.

Prenons l'exemple de Joseph : bien qu'il ait été trahi par ses frères, il a rencontré des personnes comme Potiphar, le gardien de la prison, et l'échanson du Pharaon, chacun jouant un rôle crucial dans sa progression vers sa vision. Même en période de transition, Joseph a su tirer parti de ces alliances pour mettre en valeur ses dons et avancer dans son parcours.

Avoir des alliés est donc essentiel pour réussir. Que ce réseau commence avec le soutien familial ou soit construit avec le temps, ces connexions jouent un rôle inestimable pour naviguer à travers les défis et accomplir ses objectifs.

4.1. Les bienfaits du réseau

Le réseautage va bien au-delà de simples échanges d'informations ; il consiste à bâtir des relations durables et mutuellement bénéfiques. Un réseau efficace devrait inclure des liens diversifiés : famille, amis, collègues, contacts professionnels et membres de vos groupes d'appartenance. Interagir régulièrement avec des personnes de votre secteur peut grandement accélérer votre progression professionnelle.

Entretenir ces connexions améliore votre réputation, ouvre des portes vers de nouvelles opportunités, et vous permet de relever les défis tout en trouvant une satisfaction personnelle dans l'aide et la collaboration au sein de votre réseau.

Cependant, il est crucial d'être sélectif dans le choix des relations à impliquer dans vos projets. L'exemple de la tribu de Juda, qui a fait appel uniquement à la tribu de Siméon pour leur soutien, démontre l'importance d'un réseautage stratégique, en choisissant des connexions significatives et réellement bénéfiques.

Un réseautage efficace repose sur l'intégrité et le respect : il ne s'agit pas de manipuler, mais d'identifier les personnes dont les compétences sont précieuses et de les encourager à collaborer en misant sur des avantages réciproques. En respectant la valeur et les contributions de chaque personne, vous créez un cercle solide et éthique.

Explorons maintenant les avantages concrets que le réseautage peut apporter à nos vies.

Les bienfaits du réseautage

Voici plusieurs avantages clés d'un réseautage efficace :

- Bénéfice mutuel : Le réseautage vise à établir des relations réciproques qui permettent aux deux parties de progresser vers leurs objectifs. Un réseau solide agit comme un soutien fiable, offrant conseils et assistance, tant dans les triomphes que dans les défis.
- Accès à de nouvelles idées : Interagir avec des personnes variées introduit des perspectives nouvelles et élargit vos horizons, stimulant votre créativité et votre capacité à explorer des voies innovantes. Cette ouverture aux idées est cruciale dans un monde où l'innovation est essentielle.
- Renforcement de la marque personnelle : Entourez-vous de personnes qui vous élèvent et ouvrent des portes vers des opportunités, contribuant ainsi à votre développement personnel et professionnel et renforçant votre réputation.
- Confiance en soi accrue : Les échanges réguliers avec des pairs et mentors renforcent la confiance en soi,

permettant d'aborder de nouveaux défis avec assurance et de naviguer plus efficacement dans votre parcours.

- Partage des connaissances : Le réseautage offre un précieux échange de connaissances, enrichissant non seulement votre propre compréhension, mais aussi celle des autres.

En résumé, cultiver un réseau réfléchi vous donne accès à une richesse de soutien, d'opportunités et de perspectives, facilitant ainsi la traversée des défis de la vie et illustrant l'impact profond de relations solides et bienveillantes.

Réseautage stratégique : Construire un système de soutien puissant

Voici quelques stratégies de réseautage pour vous connecter avec les bonnes personnes et renforcer vos relations personnelles et professionnelles :

- Recherchez des personnes inspirantes : Concentrez-vous sur des individus ayant un potentiel et une ambition qui font une différence positive. La qualité de vos relations est plus importante que leur quantité ; entourez-vous de faiseurs de changement qui enrichiront votre vie et celle des autres.
- Favorisez des relations mutuellement bénéfiques : Recherchez des connexions où les deux parties gagnent. Assurez-vous que chaque personne perçoive la valeur de cette relation, car cela renforce la coopération et rend les objectifs communs plus atteignables.
- Exploitez les réseaux sociaux et les événements en personne : Utilisez les plateformes comme LinkedIn

pour élargir votre cercle et accéder à des perspectives de l'industrie. De même, participer à des événements en personne vous permet de rencontrer des personnes partageant vos intérêts et d'établir des connexions clés pour votre développement personnel et professionnel.

- N'hésitez pas à demander de l'aide : Surmontez toute réticence à solliciter de l'assistance ; c'est une force, pas une faiblesse. Cela vous connecte à des personnes bienveillantes et ouvre des portes vers de nouvelles opportunités de croissance.

- Renforcez votre réseau actuel : Ne sous-estimez pas le potentiel de vos contacts existants. Engagez-vous activement avec eux, partagez vos aspirations et explorez les opportunités que ces relations peuvent apporter.

En appliquant ces stratégies, vous développerez des liens solides et significatifs, enrichissant votre vie avec des relations qui soutiennent vos objectifs et votre vision. Le réseautage efficace consiste à créer des connexions profondes qui vont au-delà de la simple collecte de contacts.

Les erreurs de réseautage à éviter

Le réseautage ne se résume pas à élargir votre cercle ; il s'agit aussi d'éviter des erreurs qui pourraient freiner vos progrès. Voici quelques stratégies pour garder vos efforts sur la bonne voie :

- Surmontez la gêne lors du premier contact : Préparez-vous soigneusement pour initier des conversations en toute confiance. Effectuez des recherches sur la personne et préparez une introduction claire. Cette préparation vous aidera à aborder les échanges avec aisance, rendant les interactions plus naturelles et productives.

- Contribuez aux conversations de façon équilibrée : Participez activement aux discussions sans toutefois dominer la conversation. Montrez vos connaissances tout en laissant de l'espace pour un véritable échange d'idées et d'expériences. Cela augmente votre visibilité et établit une connexion respectueuse, favorisant une meilleure compréhension mutuelle.

- Favorisez des dialogues significatifs : Plutôt que de vous en tenir aux bavardages, engagez-vous sur des sujets pertinents qui mettent en avant votre expertise et démontrent un intérêt sincère. Ces conversations solides posent les bases de relations profondes qui dépassent les interactions superficielles.

En évitant ces pièges courants avec réflexion, vous pouvez enrichir votre réseau en attirant des relations bénéfiques qui soutiennent et stimulent votre croissance. Le réseautage efficace consiste à établir des connexions de qualité qui vous aident réellement à progresser.

Réfléchissez et répondez

Exercice de réflexion :

Objectifs de réseautage : Réfléchissez à vos objectifs de réseautage. Avec quel type de personnes devez-vous vous connecter pour réaliser votre vision ? Comment pouvez-vous chercher activement à établir ces connexions ?

4.2. La valeur des relations significatives

Avoir des relations authentiques est l'une des plus grandes bénédictions de la vie, enrichissant notre existence bien au-delà de la simple compagnie. Ces relations offrent un soutien social crucial et renforcent notre estime de soi, ce qui en fait un élément fondamental pour la croissance personnelle et un vieillissement en bonne santé. Il est essentiel de cultiver des liens qui ont un impact positif sur notre développement et de renforcer ces relations pour un bénéfice mutuel.

Cultiver des connexions significatives

Bien que toutes les relations n'aient pas la même importance, prioriser celles qui sont significatives peut mener à des interactions plus enrichissantes. Voici des stratégies pour renforcer vos relations personnelles et professionnelles :

- Cultivez le bien-être personnel : Avant de pouvoir établir des relations profondes, construisez une relation positive avec vous-même. L'introspection et le développement personnel jettent les bases d'interactions authentiques et enrichissantes.
- Pratiquez l'écoute active et le soutien : Montrez votre engagement en écoutant sincèrement les autres et en participant aux conversations. Offrez votre aide de manière proactive et accueillez les perspectives sans jugement pour renforcer les liens de confiance et de respect mutuel.
- Faites preuve d'authenticité et de positivité : Soyez fidèle à vous-même et gardez une attitude positive. Les

relations fondées sur l'authenticité et la bienveillance aident à surmonter les défis et créent un environnement propice à la croissance personnelle et relationnelle.

- Encouragez la confiance et l'ouverture : La confiance et l'ouverture sont essentielles pour des relations durables. Favorisez un dialogue équilibré et acceptez les désaccords, en privilégiant la recherche de solutions constructives.
- Partagez des activités et intérêts communs : Renforcez vos liens en participant ensemble à des activités que vous appréciez tous les deux, créant ainsi des souvenirs durables.

En appliquant ces stratégies, vous développerez des relations qui enrichissent votre vie et soutiennent votre croissance. La clé de toute relation solide est le respect mutuel et l'espace pour que chacun puisse évoluer.

Réfléchissez et répondez

Exercice de réflexion :

Évaluation des relations : Dressez une liste de vos relations actuelles. Réfléchissez à celles qui vous soutiennent et à celles qui pourraient vous freiner. Comment pouvez-vous renforcer vos alliances positives ?

4.3. Demander de l'aide est normal

Parfois, nous hésitons à demander de l'aide, par peur de paraître faibles ou vulnérables. Pourtant, reconnaître nos limites est une preuve de force. Cela montre que nous comprenons que le développement est un processus continu et que chacun cherche à progresser. En relevant les défis avec l'intention de donner le meilleur de nous-mêmes et de diriger nos énergies positivement, nous maximisons nos chances de réussite.

Surmonter les barrières psychologiques

Surmonter les barrières psychologiques qui vous empêchent de demander de l'aide est essentiel pour votre croissance personnelle et votre succès. Bien que la crainte de déranger ou de paraître vulnérable puisse freiner, demander de l'aide est un acte de sagesse et de proactivité, un signe de conscience de soi et de désir de progrès. Cela démontre une ouverture à bénéficier des forces et de l'expérience des autres sans diminuer votre rôle dans la réalisation de vos objectifs.

En sollicitant de l'aide, vous renforcez non seulement vos propres efforts, mais contribuez également à créer une culture d'entraide où chacun peut prospérer. Cette approche proactive accélère vos progrès et montre que vous êtes prêt à tirer parti des ressources pour obtenir le meilleur résultat possible.

Ayez le courage de demander de l'aide, en sachant que cela est un outil puissant pour avancer vers votre vision avec assurance.

Comment demander de l'aide efficacement

Pour demander de l'aide efficacement, suivez ces conseils pour rendre votre demande productive :

- Choisissez la bonne personne : Assurez-vous de vous adresser à quelqu'un possédant les compétences requises, et pas seulement une bonne volonté. Sélectionner la bonne personne rend l'assistance plus pertinente et utile.

- Choisissez le bon moment : Demandez de l'aide lorsque vous et votre interlocuteur êtes disponibles et concentrés, sans distractions, pour un échange plus productif.

- Soyez clair et précis : Formulez votre demande de manière concise pour faciliter la compréhension et permettre une aide ciblée.

- Exprimez de la gratitude et faites un suivi : Recevez l'aide avec reconnaissance et montrez de l'appréciation en informant votre interlocuteur des résultats. Un suivi montre votre reconnaissance et valorise leur contribution.

- Encouragez un environnement de soutien mutuel : Montrez l'exemple en favorisant un climat où demander de l'aide est normalisé et encouragé.

En appliquant ces stratégies, vous renforcez l'efficacité de vos demandes tout en contribuant à une culture d'entraide et de collaboration. Demander de l'aide devient ainsi un geste stratégique pour la croissance mutuelle et le renforcement des relations.

Réfléchissez et répondez

Exercice de réflexion :

Analyse de l'avantage mutuel : Pensez à une interaction récente avec un potentiel allié. Réfléchissez à la manière dont vous pouvez rendre cette relation mutuellement bénéfique. Quelles contributions pouvez-vous leur apporter, et quelles contributions peuvent-ils vous offrir en retour ?

4.4. Attention aux personnes toxiques

Comme mentionné précédemment, la qualité de vie est fortement influencée par les relations que nous entretenons, qu'il s'agisse de la famille, des amis, des collègues ou des mentors. Des relations positives peuvent nous élever, tandis que les interactions toxiques peuvent freiner notre croissance, augmenter le stress, et nuire à notre bien-être personnel.

Les personnes toxiques sont celles dont les comportements nuisent au bien-être des autres, par des attitudes comme la manipulation, la négativité, l'égoïsme ou la dévalorisation. Elles créent un environnement de tension, épuisant émotionnellement ceux qui les entourent. Au travail, elles peuvent miner le moral et la productivité de l'équipe ; dans les relations personnelles, elles affaiblissent le sentiment de sécurité et de valeur de l'autre. À long terme, cette toxicité favorise le stress et l'anxiété, et peut même engendrer des effets néfastes sur la santé mentale au sein de groupes plus larges.

Pour se protéger de l'influence de telles personnes, il est crucial d'identifier ces comportements et de poser des limites.

Gérer efficacement ces relations est essentiel pour préserver son bien-être et favoriser un développement personnel sain.

Identifier les personnes toxiques

Reconnaître les personnes toxiques est la première étape pour créer un environnement plus sain pour vous-même. Voici des signes de toxicité à surveiller :

- Négativité : Un pessimisme persistant.
- Incohérence : Un comportement imprévisible et des promesses non tenues.
- Manque d'empathie : Une incapacité à apprécier les sentiments ou points de vue des autres est un signe d'alerte majeur.
- Comportement manipulateur : Utiliser les autres à des fins personnelles, souvent à leurs dépens, est un trait commun des personnes toxiques.
- Rapidité à la colère : Les réactions excessives face à des situations mineures reflètent un mauvais contrôle émotionnel.
- Égocentrisme : Une focalisation sur ses propres besoins, ignorant ou minimisant souvent les besoins des autres.

Stratégies pour gérer les personnes toxiques

Lorsqu'il n'est pas possible de s'éloigner, voici des stratégies pour gérer efficacement vos interactions avec les personnes toxiques :

- Fixez des limites et réduisez les interactions : Définissez clairement les comportements inacceptables et réduisez le temps passé avec les personnes toxiques lorsque possible. Cela vous aide à maintenir votre tranquillité d'esprit et à éviter les conflits inutiles.

- Priorisez votre bien-être et évitez les drames : Préservez votre santé mentale en restant à l'écart des tensions et des situations conflictuelles. Si une interaction vous perturbe, ajustez votre exposition pour minimiser le stress.

- Limitez les explications et reconsidérez l'aide : Vous n'avez pas à vous justifier auprès de ceux qui remettent en question vos intentions. Offrir de l'aide est louable, mais il est important de savoir poser des limites pour protéger votre énergie et vos ressources.

Appliquer ces stratégies vous permet de préserver votre santé émotionnelle et de favoriser un environnement plus positif. N'oubliez pas, il ne s'agit pas seulement de survivre, mais de prospérer en choisissant les bonnes personnes à vos côtés.

Résumé

Dans ce chapitre, nous avons exploré l'importance de former des alliances et de construire des relations de soutien. Tout comme les tribus d'Israël ont uni leurs forces pour conquérir de nouveaux territoires, vous pouvez atteindre un succès plus grand grâce à la collaboration. Le réseautage et la création d'alliances sont des étapes clés pour faire avancer votre vision.

À présent, armé de cette compréhension de la puissance des alliances, vous êtes prêt à élaborer une stratégie pour votre propre conquête. Dans le prochain chapitre, nous plongerons dans l'art de la planification : comment définir des objectifs SMART, développer des stratégies efficaces et créer des plans d'action concrets. Préparez-vous à transformer vos rêves en réalité grâce à une planification rigoureuse et une action stratégique.

Pratiques pour se transformer

1. Identifier les alliés potentiels :

• *Étape à suivre* : Dressez une liste de personnes qui partagent votre vision ou peuvent vous offrir un soutien précieux, y compris vos amis, votre famille, vos collègues et vos mentors.

2. Réseauter intentionnellement :

• *Étape à suivre* : Assistez à des événements, rejoignez des groupes et participez à des activités qui correspondent à vos objectifs pour rencontrer des personnes partageant les mêmes idées.

3. Construire des relations authentiques :

• *Étape à suivre* : Concentrez-vous sur la construction de connexions sincères basées sur le respect mutuel et des intérêts communs.

4. Offrir de l'aide :

• *Étape à suivre* : Soyez prêt à soutenir les autres dans leurs projets, créant ainsi une relation réciproque où les deux parties en bénéficient.

5. Exploiter les réseaux sociaux :

• *Étape à suivre* : Utilisez des plateformes comme LinkedIn pour vous connecter avec des professionnels et rejoindre des groupes ou forums pertinents.

Chapitre 5

Planifiez, planifiez, planifiez

« Car, lequel d'entre vous, s'il veut bâtir une tour, ne s'assied pas d'abord pour calculer la dépense et voir s'il a de quoi la terminer, »

Luc 14:28

La planification est essentielle pour atteindre tout objectif, qu'il soit personnel, professionnel ou spirituel. Elle agit comme une boussole, offrant une direction claire, structurant les actions, et améliorant l'efficacité. Une planification efficace inclut la définition d'objectifs clairs, l'établissement de délais, l'identification des ressources nécessaires et le suivi des progrès, ce qui constitue une base incontournable pour réussir.

L'histoire de Josué à Aï illustre l'importance de la stratégie. Après une défaite initiale, il a revu son approche en regagnant la confiance de ses troupes et en élaborant un plan tactique précis : diviser l'armée pour attirer les habitants d'Aï hors de la ville et tendre une embuscade. Ce plan a conduit à une victoire décisive, exaltant le moral des Hébreux et démontrant que la planification stratégique peut transformer les échecs en triomphes.

Planifier avec soin permet d'anticiper les obstacles, d'élaborer des solutions et d'agir avec confiance. Que ce soit pour relever un défi ou poursuivre une vision, la foi seule ne suffit pas ; elle doit être accompagnée d'actions concrètes et d'une stratégie réfléchie. Une approche bien planifiée augmente considérablement les chances de succès et prépare à affronter les imprévus, prouvant souvent être la différence entre le triomphe et la défaite.

5.1. Les avantages de la planification

Alors, pourquoi la planification est-elle utile ? Qu'est-ce qu'elle vous aide à accomplir ? Découvrons-en plus.

1. Elle permet de devenir proactif et structuré

La planification vous donne le contrôle de votre avenir, comme un réalisateur qui écrit le scénario de sa vie. Plutôt que de laisser la vie se dérouler au hasard, vous prenez les devants et créez une structure qui anticipe les aléas. Un plan bien conçu sert également de référence, éclairant vos choix et vous aidant à prendre des décisions claires et réfléchies pour atteindre vos objectifs.

2. Elle permet d'améliorer la concentration et la productivité

Avec une feuille de route claire, la planification vous aide à écarter les distractions, à rester concentré sur vos priorités et à travailler efficacement. Elle renforce votre engagement, solidifie votre motivation et garantit que chaque tâche accomplie vous rapproche de votre vision. Ce processus maximise non seulement votre productivité, mais aussi l'utilisation de votre temps, transformant vos efforts en progrès tangibles.

Éléments clés d'une planification efficace

Une planification réussie repose sur trois piliers essentiels :

- Définir des objectifs clairs : Identifiez ce que vous voulez accomplir et fixez des jalons pour suivre vos progrès.
- Élaborer des stratégies : Structurez vos actions pour atteindre vos objectifs de manière logique et réaliste.
- Développer des tactiques : Préparez des étapes concrètes et anticipez les obstacles potentiels en élaborant des solutions.

En combinant ces éléments, vous créez une feuille de route détaillée qui hiérarchise les tâches, maximise les ressources disponibles et vous prépare à surmonter les défis. La planification, lorsqu'elle est appliquée avec intention, devient un outil puissant pour transformer vos aspirations en réalisations.

5.2. Formulation des objectifs

En planification, un objectif est une cible spécifique à atteindre dans un délai déterminé, représentant une étape significative vers vos ambitions ou votre vision globale. Les objectifs sont des résultats concrets que vous planifiez et vous engagez à réaliser, servant de jalons mesurables pour évaluer vos progrès.

Ils peuvent être comparés à des pièces de bois et de fer formant une voie ferrée, guidant un train vers sa destination. Si la voie est mal construite, le train peut dérailler ou échouer à atteindre sa destination. De la même manière, des objectifs flous ou poursuivis de façon incohérente risquent de vous détourner de votre chemin. Tout comme une voie ferrée bien conçue assure un trajet sûr, des objectifs clairs et bien définis orientent et soutiennent votre progression vers vos buts ultimes.

Vision et objectifs : Combler le fossé

Imaginez votre vision comme une grande aspiration à long terme qui guide le but de votre vie. C'est cette image globale qui fixe la direction de votre parcours. Vos objectifs, quant à eux, sont les étapes spécifiques et mesurables qui transforment cette vision en réalité. Ce sont les engagements concrets que vous prenez envers vous-même pour avancer et réaliser votre vision. Avoir une vision claire vous aide à définir des objectifs significatifs, en veillant à ce que chacun, même le plus petit, contribue à votre but plus large, créant ainsi un chemin cohérent vers l'avenir que vous désirez.

Prenons l'exemple d'une personne souhaitant devenir propriétaire d'une marque de vêtements écoresponsable et prospère. Un de ses objectifs pourrait être relatif au développement des produits : « Concevoir et produire une ligne de 10 articles de vêtements écoresponsables en utilisant des matériaux durables d'ici les six prochains mois. » Un autre

objectif pourrait porter sur la stratégie de marketing : «
Augmenter la notoriété de la marque en atteignant 5 000
abonnés sur les réseaux sociaux dans les quatre mois suivant le
lancement. » Enfin, un objectif lié aux ventes pourrait être : «
Réaliser 50 000 dollars de ventes dans les six premiers mois du
lancement de la boutique en ligne. »

Sans une vision claire, vos objectifs risquent d'être
dispersés et de manquer de focus, entraînant confusion et
baisse de motivation. En revanche, avec une vision bien
définie, vous gagnez en clarté, en motivation, et en résilience
face aux défis. Pensez à votre vision comme au plan
architectural d'un magnifique bâtiment que vous voulez
construire. Vos objectifs sont comme les briques, le mortier et
les poutres—chacun étant soigneusement placé. Chaque
objectif atteint représente une nouvelle étape franchie,
transformant progressivement vos plans en réalité et donnant
vie à votre rêve initial.

Techniques efficaces de définition d'objectifs

Voici quelques étapes à suivre pour définir des objectifs
percutants :

- Définissez votre vision : Comme discuté dans le
chapitre un, votre vision est votre guide, orientant
toutes vos actions vers l'accomplissement de votre
« Canaan ». Elle doit être inspirante et donner une
direction claire à votre chemin.
- Évaluez votre position actuelle : Faites une auto-
évaluation honnête. Identifiez vos forces, vos
faiblesses, et les domaines nécessitant des

améliorations. Cette étape établit une base solide pour votre progression.

- Décomposez votre vision : Imaginez votre vision comme un puzzle, chaque pièce représentant un aspect clé de votre vie (carrière, santé, relations). Diviser votre vision en domaines spécifiques rend vos objectifs plus concrets et gérables.
- Fixez des objectifs SMART : Pour chaque domaine, définissez des objectifs Spécifiques, Mesurables, Atteignables, Réalistes, et Délimités dans le Temps. Fractionnez ces objectifs en étapes plus petites pour faciliter leur réalisation. Nous approfondirons ce concept plus loin dans ce chapitre.
- Établissez des jalons : Intégrez des jalons dans votre plan pour suivre vos progrès. Ces étapes intermédiaires servent de points de contrôle, décomposant votre vision en segments réalisables. Célébrer vos petites victoires vous maintient motivé et déterminé.

En avançant avec discipline vers chaque jalon tout en restant concentré sur votre objectif final, vous donnerez progressivement vie à votre vision. Chaque étape devient une pierre angulaire dans la construction d'un avenir intentionnel et significatif. Parlons un peu plus en détails des objectifs SMART mentionnés un peu plus tôt.

Objectifs SMART

Un objectif SMART est une méthode structurée pour définir des objectifs clairs, mesurables et réalisables, transformant des aspirations vagues en cibles concrètes. L'acronyme SMART signifie :

- Spécifique : Définissez précisément ce que vous voulez accomplir. Par exemple, au lieu de dire « Je veux faire plus d'exercice », optez pour « Je veux courir 5 km trois fois par semaine ». Cela clarifie vos intentions et facilite la planification.

- Mesurable : Identifiez des critères pour suivre vos progrès. Par exemple, pour lire plus de livres, fixez-vous comme objectif : « Lire 30 pages par jour ». Un objectif mesurable vous permet de voir concrètement vos avancées.

- Atteignable : Assurez-vous que votre objectif est ambitieux mais réaliste, en tenant compte de vos ressources et capacités. Si un objectif semble trop grand, décomposez-le en étapes plus petites et accessibles.

- Réaliste : Alignez vos objectifs avec votre vision globale. Par exemple, pour mener une vie plus saine, un objectif réaliste pourrait être « Préparer des repas faits maison cinq fois par semaine ».

- Délimité dans le Temps ou Temporel : Fixez une échéance pour stimuler l'action et éviter la procrastination. Un objectif temporel pourrait être « Atteindre 2 000 dollars de ventes mensuelles dans les trois mois suivant le lancement de ma boutique en ligne ».

Voici des exemples comparatifs entre des objectifs SMART et non SMART. Dire « Je veux lancer une entreprise en ligne rentable » est un objectif non SMART. Il ne précise pas quel type d'entreprise, quand vous prévoyez de la lancer, ou ce que vous considérez comme « rentable ». Sans ces spécificités, il est difficile de rester concentré ou de suivre vos réalisations.

En revanche, un objectif SMART pourrait être : « Je vais lancer une entreprise en ligne vendant des produits de soins de la peau écologiques dans les quatre prochains mois. Je vais développer un site e-commerce, établir des partenariats avec trois fournisseurs durables, et viser 2 000 dollars de ventes mensuelles dans les trois premiers mois suivant le lancement. » Cet objectif est Spécifique car il précise clairement l'entreprise que vous lancez et ce que vous vendrez. Il est Mesurable avec des repères comme sécuriser des partenariats et atteindre un objectif de vente. Il est Atteignable car, avec une bonne planification et exécution, ces jalons peuvent être atteints de manière réaliste. L'objectif est Réalisable ou pertinent puisqu'il s'aligne sur votre intérêt pour les entreprises durables. Enfin, il est Délimité dans le Temps avec des échéances spécifiques, vous aidant à rester sur la bonne voie et motivé.

Voici un autre exemple. Dire « Je veux être en forme » est un objectif non SMART. Il est vague et ne vous donne pas de direction claire. Il n'y a aucun moyen de mesurer ce que signifie « être en forme », aucun plan spécifique à suivre, et aucune échéance à respecter.

Comparez cela avec un objectif SMART : « Je vais perdre 10 kilos en trois mois en faisant de l'exercice pendant 30 minutes au moins cinq fois par semaine et en suivant un régime équilibré, comprenant une réduction de la consommation de sucre et plus de légumes. » Cet objectif est Spécifique parce qu'il définit clairement ce que vous visez—perdre 10 kilos. Il est Mesurable car vous pouvez suivre vos progrès en surveillant votre perte de poids. Il est Atteignable, puisque perdre 10 kilos en trois mois est réaliste avec un plan approprié. L'objectif est Réalisable ou pertinent à votre désir global d'améliorer votre forme physique et votre santé. Enfin, il est Délimité dans le Temps avec une échéance spécifique de trois mois, ce qui vous donne un cadre temporel clair pour travailler.

Écrivez vos objectifs et revoyez-les régulièrement pour maintenir votre engagement. Adaptez-les si nécessaire pour rester aligné avec votre vision, en utilisant la méthode SMART comme guide pour la transformer en réalisations concrètes.

Réfléchissez et répondez

Réflexion sur les objectifs :

Exercice : Réfléchissez à vos objectifs actuels. Sont-ils alignés avec votre vision et vos valeurs ? Écrivez les ajustements que vous devez apporter pour qu'ils soient SMART (Spécifiques, Mesurables, Atteignables, Pertinents, Temporels).

Développement d'un plan d'action :

Exercice : Choisissez l'un de vos objectifs et développez un plan d'action détaillé. Divisez-le en petites tâches avec des délais. Réfléchissez aux obstacles que vous pourriez rencontrer et à la manière de les surmonter.

5.3. Stratégie et tactique

Dans la vie militaire comme dans la vie quotidienne, on confond souvent actions tactiques et stratégiques, car il est plus simple de se focaliser sur le court terme que de planifier pour le long terme. Pourtant, ces deux concepts ont des rôles distincts. La stratégie répond à la question : « Comment réaliser notre vision ? » Elle définit une direction globale et à long terme, semblable à planifier un voyage à travers le pays en choisissant les grandes étapes. Une stratégie efficace guide les actions, assure la cohérence et nécessite des ajustements périodiques pour rester pertinente face aux défis.

Les tactiques, en revanche, concernent la mise en œuvre des actions concrètes qui soutiennent cette stratégie. Ce sont les étapes spécifiques à suivre, comme décider de traverser les Rocheuses ou de visiter Memphis pour son patrimoine musical. Elles permettent une flexibilité pour s'adapter aux obstacles imprévus, tout en restant alignées sur l'objectif global.

Alors que la stratégie vise à remporter la guerre, les tactiques se concentrent sur la victoire dans chaque bataille. Ces deux approches se complètent, la stratégie apportant direction et stabilité, tandis que les tactiques offrent la souplesse nécessaire pour exécuter le plan avec succès.

Voici trois exemples pour mieux comprendre la différence et la relation entre une stratégie et une tactique.

1. Exemple du monde du fitness

Stratégie : Améliorer la santé et la condition physique générale en augmentant l'endurance cardiovasculaire et en renforçant la musculature.

Tactique : S'inscrire dans une salle de sport et suivre un plan d'entraînement structuré comprenant 30 minutes d'exercices cardiovasculaires (comme la course à pied ou le vélo) trois fois par semaine et des exercices de musculation (comme la musculation) deux fois par semaine. En outre, adopter un régime alimentaire équilibré axé sur des protéines maigres, des grains entiers et beaucoup de légumes.

Explication : La stratégie est votre plan global pour améliorer votre condition physique générale, en se concentrant sur des domaines clés comme la santé cardiovasculaire et la force musculaire. Les tactiques sont les actions concrètes que vous allez entreprendre pour y parvenir—s'inscrire à une salle de sport, suivre une routine d'entraînement particulière, et ajuster votre alimentation. La stratégie fournit le « quoi » et le « pourquoi », tandis que les tactiques détaillent le « comment ».

2. Exemple du monde des affaires

Stratégie : Étendre la présence sur le marché en augmentant la visibilité de la marque et l'engagement des clients dans le secteur de la vente en ligne.

Tactique : Lancer une campagne de marketing numérique ciblée, incluant des publicités sur les réseaux sociaux, des partenariats avec des influenceurs, et des newsletters par e-mail. En outre, repenser le site web pour une meilleure expérience utilisateur et des processus de paiement plus rapides.

Explication : La stratégie définit le plan pour étendre la présence de votre marque et engager plus de clients en ligne. Les tactiques sont les actions spécifiques que vous allez mettre en œuvre, comme le marketing numérique et les améliorations du site web, pour soutenir cette stratégie plus large. La stratégie fixe la direction, tandis que les tactiques sont les étapes que vous suivez pour y parvenir.

3. Exemple du monde académique

Stratégie : Développer votre réseau académique pour obtenir des opportunités de mentorat et de collaboration dans votre domaine.

Tactique : Rejoindre une organisation étudiante liée à votre filière et participer à des conférences académiques pour rencontrer des professeurs et d'autres étudiants.

Explication : La stratégie se concentre sur l'objectif plus large de développer votre réseau académique. Les tactiques sont les étapes spécifiques consistant à participer à des organisations étudiantes et à assister à des conférences, où vous pourrez établir des liens avec des mentors potentiels et des pairs.

En résumé, pensez-y comme à un jeu. Les tactiques sont vos actions sur le terrain, comme passer ou dribbler, tandis que la stratégie représente le plan global, comme choisir de jouer en défense ou en attaque. Les objectifs sont le score final que vous visez : la stratégie vous garde aligné sur ce but, et les tactiques vous permettent d'y parvenir.

Pour concrétiser votre vision, il est crucial d'élaborer des stratégies solides et de mettre en œuvre des tactiques efficaces. Ensemble, elles assurent que vos plans sont cohérents et orientés vers les résultats que vous souhaitez atteindre dans la vie.

Réfléchissez et répondez

Réflexion sur la flexibilité stratégique

Titre : Réflexion sur l'adaptation des stratégies

Instructions :

Réfléchissez à votre capacité à adapter vos stratégies en réponse à des circonstances changeantes.

Pensez à la manière dont vous avez réagi face à des défis et opportunités inattendus.

Réfléchissez à la manière dont la flexibilité dans votre stratégie peut vous aider à rester résilient et concentré sur votre vision.

Questions à considérer :

Comment ai-je adapté mes stratégies face aux changements ou défis inattendus ?

Quelles leçons ai-je tirées de mes adaptations passées que je peux appliquer à l'avenir ?

Comment puis-je intégrer davantage de flexibilité dans ma planification stratégique pour mieux gérer l'incertitude ?

5.4. Contrôle et suivi

Évaluer régulièrement vos progrès vers vos objectifs est essentiel, car l'imprévisibilité de la vie peut nécessiter des ajustements pour maintenir vos objectifs alignés avec votre vision globale. La flexibilité est cruciale : rester ouvert au changement augmente considérablement vos chances de succès.

C'est ici que le contrôle et le suivi jouent un rôle clé. Le contrôle consiste à établir des normes, des politiques, et des procédures qui orientent vos actions vers les résultats souhaités. Ce cadre garantit que vous progressez de manière structurée et restez concentré sur vos objectifs.

Le suivi, quant à lui, agit comme une boussole, en observant et analysant attentivement vos progrès. Ce processus vous aide à évaluer votre position par rapport à vos objectifs initiaux, à mesurer l'efficacité de vos stratégies, et à ajuster vos actions si nécessaire. Ensemble, le contrôle et le suivi créent une boucle de rétroaction continue qui affine vos efforts et assure une progression constante vers vos aspirations.

Voyons, de manière pratique, les différences et les relations entre le contrôle et le suivi en prenant des exemples dans les trois domaines utilisés précédemment : les études, l'entrepreneuriat et le fitness. Ces exemples vous aideront à comprendre comment ces concepts fonctionnent ensemble et en quoi ils diffèrent.

1. Dans les Etudes

Dans vos études, le suivi consiste à vérifier régulièrement vos notes et vos progrès dans chaque matière. Par exemple, examiner vos résultats aux tests, les commentaires sur vos devoirs, et vos notes de participation pour suivre votre performance. Le contrôle, en revanche, consiste à ajuster vos actions en fonction de ces observations. Si vous constatez une baisse de vos notes dans une matière, vous pourriez décider de consacrer plus de temps à cette matière ou de demander l'aide d'un tuteur. Ici, le suivi vous informe sur vos performances, tandis que le contrôle vous permet de prendre des mesures correctives pour améliorer vos résultats.

2. En entrepreneuriat

En tant qu'entrepreneur, le suivi implique de surveiller des indicateurs clés comme les chiffres de vente, les retours clients, et le trafic sur votre site web. Par exemple, vous pourriez analyser régulièrement les rapports de vente mensuels pour comprendre les performances de votre entreprise. Le contrôle, quant à lui, consiste à ajuster votre stratégie en fonction des données recueillies. Si vos ventes sont en baisse, vous pourriez réviser votre marketing, ajuster vos prix ou introduire de nouveaux produits. Le suivi collecte les données, et le contrôle vous permet d'utiliser ces informations pour optimiser vos résultats.

3. Dans le fitness

En fitness, le suivi peut impliquer de suivre vos routines d'entraînement, de mesurer votre poids, ou de noter vos progrès en force et en endurance. Par exemple, tenir un journal de vos séances d'exercice et observer vos améliorations. Le contrôle consiste à ajuster vos entraînements ou votre alimentation en fonction des résultats suivis. Si vous ne voyez pas les résultats escomptés, comme une perte de poids insuffisante, vous pourriez intensifier vos séances d'exercice ou revoir votre alimentation. Le suivi vous aide à comprendre vos progrès, tandis que le contrôle vous permet d'ajuster votre régime pour atteindre vos objectifs.

Dans tous ces exemples, le suivi représente l'observation et la collecte d'informations, tandis que le contrôle consiste à prendre des mesures basées sur ces informations pour influencer les résultats. Le suivi vous aide à comprendre où vous en êtes, et le contrôle est l'outil pour vous diriger efficacement vers vos objectifs.

Stratégies de contrôle efficaces

Pour maintenir le contrôle de votre planification, tenez compte des conseils suivants :

- Fixez des normes claires : Définissez des objectifs précis, mesurables et réalisables en utilisant les critères SMART, pour clarifier vos repères de succès.
- Établissez des lignes directrices : Mettez en place des politiques et des procédures cohérentes qui soutiennent les actions nécessaires à l'atteinte de vos objectifs.
- Revisitez vos objectifs régulièrement : Assurez-vous que vos objectifs restent alignés avec votre vision globale, et adaptez-les si les circonstances changent.
- Adoptez des stratégies flexibles : Restez ouvert aux ajustements et prêt à adapter vos méthodes en réponse aux nouveaux défis ou opportunités.
- Maintenez votre discipline : Engagez-vous à suivre vos plans avec constance, même face aux distractions ou obstacles, en cultivant une autodiscipline rigoureuse.

Pratiques de suivi efficaces

Pour suivre vos progrès efficacement :

- Documentez vos progrès : Tenez un journal ou utilisez des outils pour suivre régulièrement vos accomplissements et visualiser votre avancement.
- Analysez vos performances : Examinez vos résultats pour identifier vos forces et les aspects nécessitant une amélioration.
- Réévaluez vos stratégies : Ajustez vos méthodes en fonction de leur efficacité pour atteindre vos objectifs. Soyez prêt à changer de cap si nécessaire.
- Demandez des retours extérieurs : Sollicitez les observations de mentors, collègues ou amis pour enrichir votre perspective et guider votre croissance.
- Réfléchissez à votre parcours : Prenez du recul pour tirer des leçons de vos expériences, consolidant ainsi votre développement personnel.

Le chemin vers le succès est à la fois gratifiant et stimulant. En employant des pratiques de contrôle et de suivi robustes, vous vous équipez pour naviguer sur ce chemin avec succès, en restant motivé et sur la bonne voie vers la réalisation de votre vision.

Réfléchissez et répondez

Bilan des progrès

Titre : Audit hebdomadaire des progrès

Instructions :

À la fin de chaque semaine, prenez 15 à 20 minutes pour réfléchir aux progrès que vous avez réalisés vers vos objectifs.

Notez les tâches que vous avez accomplies, celles que vous n'avez pas pu faire, ainsi que les obstacles que vous avez rencontrés.

Réfléchissez à la manière dont ces expériences s'alignent avec votre vision globale.

Questions à considérer :

Qu'est-ce qui s'est bien passé cette semaine ? Quels ont été les facteurs de ces réussites ?

Quels défis ai-je rencontrés et comment y ai-je réagi ?

Comment puis-je améliorer mon approche pour la semaine à venir afin de rester sur la bonne voie ?

5.5. Erreurs courantes dans la planification

Identifier et éviter les erreurs courantes dans la planification est essentiel pour bâtir des plans solides et avancer avec confiance vers vos aspirations. Voici les pièges les plus fréquents et comment les surmonter :

- Objectifs irréalistes : Fixez-vous des objectifs ambitieux mais atteignables. Des attentes démesurées risquent de vous démotiver. Optez pour un équilibre qui favorise un progrès constant sans causer d'épuisement.
- Cadres de temps déséquilibrés : Intégrez des jalons à court terme pour mesurer les progrès tout en gardant à l'esprit vos grandes ambitions à long terme. Cela maintient votre motivation et clarifie votre trajectoire.
- Résultats imprécis : Vos objectifs doivent être mesurables. Des critères clairs vous aident à suivre vos progrès et à célébrer vos réussites.
- Plans trop vagues : Un manque de clarté dans vos plans conduit à des résultats incertains. Soyez précis sur vos intentions et tracez une feuille de route détaillée pour chaque étape.
- Mauvaise gestion du temps : Le temps est une ressource précieuse. Assurez-vous de l'utiliser à bon escient en concentrant vos efforts sur des actions qui font avancer vos objectifs.
- Suivi insuffisant : Évaluez régulièrement vos progrès. Cela vous permet d'ajuster vos stratégies et de célébrer vos réussites en cours de route.
- Trop d'objectifs à la fois : Évitez de vous éparpiller en poursuivant trop de choses en même temps. Priorisez quelques objectifs clés pour maximiser votre concentration et vos efforts.

Rappelez-vous que les obstacles font partie intégrante du processus. En restant vigilant, flexible, et motivé, vous transformerez chaque défi en une opportunité de croissance et de progrès.

L'importance de tenir un carnet de planification

Tenir un carnet de planification, qu'il soit physique ou numérique, est un outil précieux pour structurer votre vision, organiser vos objectifs et suivre vos tâches. Ce simple geste d'écriture peut transformer vos idées en actions concrètes et donner un élan à votre progression.

Lorsque vous consignez vos idées et objectifs dans un carnet, vous les rendez tangibles. Cela renforce votre engagement et facilite leur réalisation, car voir vos projets écrits noir sur blanc les rend plus réels et accessibles. En outre, un carnet permet de suivre vos progrès. Il offre un espace pour documenter vos réalisations, évaluer ce qui fonctionne ou non, et ajuster vos stratégies pour favoriser une amélioration continue.

La planification via un carnet est également un excellent moyen de mieux gérer votre temps. En organisant vos tâches et en définissant vos priorités, vous pouvez utiliser vos journées de manière plus efficace et éviter de vous disperser. Enfin, revoir régulièrement vos objectifs écrits agit comme une source de motivation constante. Cela vous rappelle vos ambitions et vous pousse à continuer, même lorsque les défis semblent difficiles. Un carnet de planification n'est pas seulement un outil d'organisation : c'est un allié dans votre parcours vers le succès.

Que vous préfériez la sensation tactile d'un carnet physique ou la flexibilité d'une version numérique, disposer d'un espace dédié à la planification vous aide à rester organisé, à prendre des décisions éclairées, et à avancer avec clarté vers vos objectifs personnels et professionnels.

Réfléchissez et répondez

Réflexion sur les objectifs :

Exercice : Réfléchissez à vos objectifs actuels. Sont-ils alignés avec votre vision et vos valeurs ? Écrivez sur les ajustements que vous devez apporter pour vous assurer qu'ils soient SMART (Spécifiques, Mesurables, Atteignables, Pertinents, et Temporellement définis).

Résumé

Ce chapitre a mis en lumière l'importance fondamentale de la planification pour réaliser votre vision. Vous avez appris à fixer des objectifs SMART, à élaborer des stratégies, et à créer des plans d'action concrets. En intégrant les avantages de la planification, tels qu'une meilleure concentration, une prise de décision plus éclairée, et une productivité accrue, vous êtes désormais mieux équipé pour avancer avec confiance et précision. Pour vous soutenir dans ce processus, des modèles pratiques sont disponibles à la fin de ce livre.

Maintenant que votre vision est claire et vos objectifs bien définis, le chapitre suivant explore un élément clé : l'identification et l'utilisation efficace des ressources à votre disposition. Qu'il s'agisse de temps, de compétences, d'actifs financiers ou de votre réseau de soutien, nous découvrirons des stratégies concrètes pour exploiter ces ressources et maximiser votre potentiel.

Pratiques pour se transformer

1. Fixer des objectifs SMART :

• *Étape à suivre* : Pour chaque domaine de votre vision, définissez des objectifs spécifiques, mesurables, atteignables, pertinents et limités dans le temps. Écrivez-les et suivez vos progrès.

2. Créer un plan d'action détaillé :

• *Étape à suivre* : Décomposez chaque objectif en étapes concrètes. Créez un calendrier ou un emploi du temps qui décrit quand et comment vous accomplirez chaque étape.

3. Priorisez vos tâches :

• *Étape à suivre* : Identifiez les tâches les plus importantes et urgentes. Concentrez-vous sur celles-ci en premier avant de passer aux activités moins critiques.

4. Surveiller et ajuster :

• *Étape à suivre* : Révisez régulièrement vos plans et vos progrès. Soyez flexible et apportez des ajustements si nécessaire pour rester sur la bonne voie vers vos objectifs.

5. Chercher de la responsabilité :

• *Étape à suivre* : Trouvez un partenaire ou un groupe de responsabilité pour partager vos objectifs et vos progrès. Des vérifications régulières vous aideront à rester motivé et sur la bonne voie.

Chapitre 6

Mobilisez vos ressources

« Environ quarante mille hommes guerriers en armes passèrent devant l'Éternel (prêts) au combat, en direction des plaines de Jéricho. »
Josué 4 :13

D evenir un soldat aguerri nécessite une préparation complète et un équipement adéquat. Un soldat entrant sur le champ de bataille sans arme est vulnérable, et sa capacité à obtenir la victoire en dépend directement. Josué 4:13 illustre l'importance de la préparation au combat : « *Environ quarante mille guerriers en armes passèrent devant l'Éternel au combat, en direction des plaines de Jéricho.* » De même, dans la poursuite de votre vision—qu'il s'agisse de lancer une entreprise ou de réaliser un projet personnel—mobiliser les bonnes ressources est crucial. Qu'il s'agisse de moyens financiers, de compétences ou de soutien relationnel, chaque ressource contribue à surmonter les défis et à progresser vers votre vision.

Il est essentiel de commencer avec les ressources disponibles sans attendre des conditions parfaites. Pensez à la construction d'une maison : les fondations se posent avec ce qui est nécessaire à la première étape, tandis que les matériaux pour les phases ultérieures sont acquis en cours de route. Appliquez cette approche à votre vision : utilisez ce que vous avez déjà tout en planifiant les étapes futures. Identifiez les ressources potentielles lors de la planification, mais ne laissez pas leur absence freiner votre progression. Adoptez une stratégie adaptable qui vous permet d'avancer malgré les incertitudes, garantissant ainsi une progression constante et ciblée.

6.1. Mobilisation des ressources

Définir et utiliser efficacement vos ressources est une étape cruciale pour atteindre vos objectifs. Cela commence par une approche stratégique : identifiez les ressources nécessaires, évaluez leur pertinence par rapport à vos objectifs, et planifiez leur utilisation de manière optimale.

Voici quelques étapes qui vous guiderons dans la mobilisation de vos ressources :

1. Identifiez vos ressources

Commencez par dresser un inventaire complet de vos ressources. Celles-ci incluent vos actifs financiers, le temps dont vous disposez, vos compétences personnelles, et vos relations professionnelles et personnelles. Cette évaluation est cruciale, car elle vous permet de mieux comprendre ce que vous avez déjà et ce qui pourrait manquer pour atteindre vos objectifs. Pensez à cette étape comme à celle d'un pays qui évalue ses capacités avant d'engager une guerre.

Pour structurer cette réflexion, utilisez un outil puissant : l'analyse SWOT. Cet acronyme anglais se décompose en quatre axes :

- Forces (Strengths) : Quels sont vos atouts actuels ? Quelles compétences, ressources financières ou relations vous donnent un avantage unique ?
- Faiblesses (Weaknesses) : Quels domaines manquent de ressources ou de compétences et pourraient ralentir votre progression ?
- Opportunités (Opportunities) : Quels facteurs externes, comme des tendances du marché ou des partenariats potentiels, pourraient vous aider à atteindre vos objectifs ?
- Menaces (Threats) : Quels obstacles externes, comme la concurrence ou les contraintes économiques, pourriez-vous rencontrer ?

L'analyse SWOT vous permet de combiner une évaluation interne (forces et faiblesses) avec une anticipation des facteurs externes (opportunités et menaces). Elle vous aide à prendre des décisions éclairées et à ajuster vos plans selon votre environnement.

N'oubliez pas que vos ressources ne se limitent pas à l'argent ou à l'équipement. Les ressources intangibles, telles que vos connaissances, vos relations et votre expérience, jouent un rôle tout aussi important. Enfin, pour enrichir votre compréhension, vous pouvez consulter des experts dans votre domaine ou analyser des données spécifiques à votre projet. Ces démarches vous permettront d'identifier les ressources manquantes et de mieux exploiter celles que vous possédez déjà.

2. Exploitez vos forces

Posséder des ressources n'est que le point de départ ; leur gestion efficace détermine réellement votre succès. La clé réside dans la capacité à déployer ces ressources de manière stratégique pour maximiser leur impact. Concentrez-vous sur vos compétences principales—les talents et aptitudes dans lesquels vous excellez. Par exemple, si vous avez un don pour la prise de parole en public, mettez cette compétence à profit lors de négociations critiques, de présentations ou pour galvaniser votre équipe.

Cependant, ne vous arrêtez pas là. Évaluez régulièrement vos capacités pour identifier les domaines à perfectionner. L'amélioration continue de vos compétences, qu'il s'agisse de leadership, de gestion du temps, ou d'expertise technique, vous permet non seulement d'optimiser vos efforts actuels, mais aussi d'élargir vos horizons pour relever des défis plus complexes.

Se concentrer sur vos forces et les affiner régulièrement est une stratégie puissante pour transformer vos ressources en leviers de réussite.

3. Priorisez et allouez les ressources

La clé d'une gestion efficace des ressources réside dans leur priorisation et leur allocation stratégique. Identifiez les domaines qui ont le plus d'impact sur vos objectifs et dirigez vos ressources vers les tâches essentielles à la réalisation de votre vision.

Un outil utile pour cela est la matrice d'allocation des ressources, qui vous aide à organiser vos tâches selon deux axes : l'importance (à quel point la tâche contribue à votre vision) et l'urgence (le délai requis pour la traiter). Voici comment l'utiliser :

- Listez toutes vos tâches ou projets. Notez toutes les actions nécessaires pour atteindre vos objectifs.
- Classez-les selon l'importance et l'urgence :
  - ➢ Important et urgent : Traitez ces tâches immédiatement. Elles nécessitent votre attention prioritaire.
  - ➢ Important mais non urgent : Planifiez ces tâches à l'avance. Elles sont cruciales pour votre vision, mais vous pouvez les répartir dans le temps.
  - ➢ Non important mais urgent : Voyez si ces tâches peuvent être déléguées ou simplifiées pour éviter qu'elles ne consomment trop de ressources.
  - ➢ Non important et non urgent : Éliminez ou minimisez ces tâches pour rester concentré sur ce qui compte vraiment.

En utilisant cette matrice, vous pouvez allouer vos ressources (temps, énergie, finances) de manière ciblée et éviter les distractions. Elle vous aide à travailler de manière proactive sur les activités à fort impact tout en gérant les urgences avec efficacité.

Prioriser et allouer vos ressources judicieusement garantit que vos efforts restent alignés sur ce qui génère les résultats les plus significatifs.

Réfléchissez et répondez

Exercices de réflexion :

Inventaire des ressources : Dressez la liste de toutes les ressources dont vous disposez actuellement. Réfléchissez à la manière dont chaque ressource peut être utilisée pour soutenir vos objectifs. Quelles ressources sont sous-utilisées ?

6.2. Le temps comme ressource

Le temps est souvent décrit comme le grand égalisateur : chacun dispose des mêmes 24 heures par jour. Cependant, la manière dont vous gérez cette ressource limitée détermine en grande partie votre progression vers votre vision. Le temps est à la fois la monnaie des expériences et la base du développement des compétences. Une gestion disciplinée peut transformer ces 24 heures en un puissant levier de croissance. Comme l'a si bien dit Stephen R. Covey : « *La clé n'est pas de prioriser ce qui est sur votre agenda, mais de planifier vos priorités.* »

La façon dont vous utilisez votre temps reflète vos valeurs et aspirations profondes. Passer des heures sur des activités superficielles, comme défiler sans but sur les réseaux sociaux, révèle un décalage par rapport à une vision claire. En revanche, consacrer du temps à ce qui compte vraiment—comme travailler sur un projet significatif ou investir dans vos compétences—montre un alignement avec vos objectifs.

Reconnaître le temps comme une ressource non renouvelable souligne l'importance de décisions intentionnelles. Contrairement à l'argent ou aux biens matériels, le temps perdu ne peut être récupéré. Cela nécessite d'établir des priorités claires et de dire non aux distractions ou aux engagements qui ne servent pas vos objectifs. Chaque moment consacré ailleurs est une opportunité manquée d'avancer vers vos aspirations.

En gérant votre temps avec conscience et stratégie, vous construisez un avenir aligné avec vos ambitions et transformez vos journées en étapes concrètes vers votre vision.

Les avantages d'une gestion efficace du temps

Voici quelques avantages clés :

- Réduction du stress : Une gestion optimale du temps vous aide à garder le contrôle sur vos priorités, réduisant l'anxiété et améliorant votre bien-être mental et physique.
- Productivité maximisée : En allouant du temps aux tâches les plus importantes, vous augmentez votre efficacité, transformant chaque moment en une occasion de progrès.
- Nouvelles opportunités : Une organisation temporelle claire libère de l'espace pour explorer de nouvelles initiatives, enrichissant votre vie personnelle et professionnelle.
- Atteinte des objectifs : En reconnaissant la valeur limitée du temps, vous concentrez vos efforts sur des actions alignées avec vos priorités, accélérant ainsi la réalisation de vos objectifs.

Conseils pour une gestion efficace du temps

Une gestion maîtrisée du temps repose sur des pratiques simples mais puissantes. Voici des stratégies éprouvées pour optimiser votre temps et avancer efficacement vers vos objectifs :

- Évaluez votre utilisation actuelle du temps : Analysez vos activités quotidiennes pour identifier ce qui génère des résultats significatifs et ce qui peut être amélioré. Alignez vos actions sur vos priorités et vos aspirations.
- Fixez des objectifs SMART : Comme vu dans le chapitre quatre, définissez des objectifs clairs, mesurables, réalistes et temporellement définis pour structurer vos efforts.
- Priorisez les tâches : Classez vos tâches par importance et urgence pour concentrer votre énergie sur ce qui compte le plus. Réfléchissez aux raisons sous-jacentes pour établir des priorités judicieuses.
- Fixez des limites de temps pour les tâches : Attribuez des délais à chaque activité pour maintenir votre concentration et réduire la procrastination. Cela garantit une gestion efficace de votre temps.
- Prenez des pauses régulières : Intégrez des moments de récupération dans votre journée pour éviter l'épuisement et maintenir un esprit clair et productif.
- Restez organisé : Gardez votre environnement de travail ordonné et utilisez des outils de planification

pour structurer votre emploi du temps et respecter vos échéances.

- Éliminez les non-essentiels : Supprimez ou déléguez les tâches sans impact direct sur vos objectifs principaux pour simplifier vos efforts.
- Évitez le multitâche : Concentrez-vous sur une tâche à la fois pour en améliorer la qualité et l'efficacité. La focalisation séquentielle favorise des résultats optimaux.
- Apprenez à dire non : Soyez conscient de vos limites et refusez les tâches superflues ou ingérables. Déléguer peut parfois être une solution plus adaptée.
- Éliminez les distractions : Réduisez les interruptions et optimisez votre environnement pour favoriser une concentration ininterrompue.

Adopter ces pratiques vous aidera à maximiser vos résultats tout en réduisant le stress, améliorant ainsi votre satisfaction personnelle et professionnelle.

Réfléchissez et répondez

Analyse de la gestion du temps :

Exercice : Suivez comment vous passez votre temps pendant une semaine. Réfléchissez à la part de temps consacrée aux activités qui vous rapprochent de vos objectifs par rapport à celles qui ne le font pas. Écrivez les changements que vous pouvez apporter pour améliorer votre gestion du temps.

6.3. La santé comme ressource

Imaginez entamer un voyage vers la réalisation de votre vision la plus ambitieuse. Que vos aspirations soient professionnelles, personnelles, ou relationnelles, votre santé est le socle indispensable qui soutient chaque étape de ce parcours.

En bonne santé, vous disposez de l'énergie, de la concentration, et de la résilience nécessaires pour surmonter les défis et saisir les opportunités. À l'inverse, négliger votre bien-être peut devenir un obstacle majeur, épuisant votre énergie, diminuant votre motivation et transformant les tâches les plus simples en épreuves éprouvantes. Pensez à votre santé comme le carburant de votre progression : sans elle, le voyage devient non seulement ardu, mais parfois insurmontable.

Prendre soin de votre santé est aussi crucial que la gestion de toute autre ressource. Cela passe par des choix conscients dans votre quotidien, notamment :

Adopter une alimentation équilibrée : Les bons nutriments nourrissent non seulement votre corps, mais aussi votre esprit, favorisant la clarté mentale et la productivité.

Faire de l'exercice régulièrement : L'activité physique améliore l'endurance, réduit le stress et renforce votre système immunitaire, tout en augmentant vos niveaux d'énergie.

Gérer le stress : Trouver des moyens sains de réduire le stress. Par exemple les loisirs, ou les moments de détente, permettent de maintenir une stabilité émotionnelle et mentale.

Prioriser le sommeil : Un repos adéquat répare votre corps, consolide votre mémoire, et améliore votre capacité à affronter de nouvelles journées avec efficacité.

Ces habitudes ne sont pas des luxes, mais des investissements dans votre capacité à donner le meilleur de vous-même. En accordant à votre santé l'importance qu'elle mérite, vous vous assurez d'être physiquement et mentalement équipé pour relever les défis et transformer vos aspirations en réalité.

Souvenez-vous : prendre soin de vous aujourd'hui est une garantie de réussite pour demain.

Conseils pour prioriser votre santé

Pour réellement prioriser votre santé, il est nécessaire d'adopter des changements de mode de vie significatifs et durables, plutôt que de recourir à des solutions temporaires comme les régimes rapides ou les modifications superficielles. Voici quelques conseils pratiques pour intégrer une approche holistique à votre bien-être :

- Mangez sainement : Votre corps est une machine qui fonctionne mieux avec un carburant de qualité. Favorisez les aliments complets riches en nutriments, et optez pour une alimentation variée incluant des fruits, des légumes, des protéines maigres, des céréales complètes, et des graisses saines. Cuisinez autant que possible vos repas pour contrôler leur qualité et leurs apports nutritionnels.
- Faites de l'exercice régulièrement : L'activité physique est un pilier de votre bien-être général. Trouvez une activité qui vous plaît, comme la danse, ou le jogging, et intégrez-la à votre routine. Même une simple marche quotidienne peut avoir

des effets positifs si elle est pratiquée avec constance.

- Accordez de l'importance au sommeil : Le repos est indispensable pour la régénération du corps et de l'esprit. Essayez de dormir au moins 7 à 8 heures par nuit et établissez une routine de coucher régulière. Évitez les écrans avant de dormir pour améliorer la qualité de votre sommeil.
- Écoutez votre corps : Apprenez à reconnaître les signaux de votre corps. Si vous êtes fatigué, reposez-vous ; si vous ressentez de l'inconfort ou de la douleur, consultez un professionnel. Respecter vos besoins corporels est essentiel pour prévenir l'épuisement et favoriser une bonne santé.
- Faites des bilans de santé réguliers : Prévenez les problèmes de santé en effectuant des contrôles médicaux périodiques. Ces bilans permettent de détecter les problèmes à un stade précoce et d'adopter des mesures correctives.
- Prenez soin de votre santé mentale : Votre bien-être émotionnel est tout aussi important que votre forme physique. Pratiquez des techniques de relaxation, parlez à un proche de confiance, ou consultez un professionnel si nécessaire.
- Évitez les substances nocives : Éloignez-vous des habitudes néfastes comme le tabac, et limitez votre consommation d'alcool. Ces substances peuvent avoir des effets cumulés qui nuisent à votre santé physique et mentale.
- Gérez le stress : Bien que le stress puisse être un moteur dans certains cas, un excès peut être préjudiciable. Intégrez des stratégies de gestion du

stress dans votre quotidien, telles que des activités relaxantes, des moments de déconnexion, ou une meilleure organisation de vos priorités.

En mettant ces pratiques en œuvre, vous améliorerez non seulement votre qualité de vie, mais aussi votre capacité à relever les défis et à poursuivre vos objectifs. Faire de votre santé une priorité est un investissement durable qui vous permet d'être dans les meilleures conditions pour réussir et vous épanouir pleinement.

Réfléchissez et répondez

Exercice de réflexion : Comprendre l'impact de la santé sur les objectifs

Objectif : Reconnaître comment votre santé affecte directement votre capacité à atteindre vos objectifs.

Instructions :

Lier la santé aux objectifs : Choisissez un ou deux objectifs importants que vous poursuivez. Réfléchissez à la manière dont votre santé physique et mentale influence vos progrès vers ces objectifs.

Santé physique : Niveau d'énergie, endurance, capacité de concentration

Santé mentale : Clarté d'esprit, résilience face au stress, stabilité émotionnelle

Identifier les influences de la santé : Réfléchissez à des moments spécifiques où votre santé (de manière positive ou négative) a influencé votre capacité à travailler sur ces objectifs. Notez ces moments.

Plan pour une meilleure intégration de la santé : Créez un plan pour mieux intégrer des habitudes saines dans votre routine quotidienne afin de soutenir vos objectifs. Incluez des actions spécifiques telles que programmer des exercices réguliers, incorporer des techniques de relaxation et maintenir une alimentation équilibrée.

Questions de réflexion :

Comment ma santé physique et mentale a-t-elle impacté mes progrès vers mes objectifs dans le passé ?

Quelles pratiques de santé spécifiques puis-je adopter pour améliorer ma capacité à atteindre mes objectifs ?

Comment puis-je m'assurer que le maintien de ma santé reste une priorité tout en travaillant vers mes objectifs ?

6.4. Gestion du stress

Dans notre monde trépidant, la course incessante contre le temps génère souvent un stress considérable. Apprendre à gérer ce stress est crucial pour mener une vie productive et épanouissante. Sans contrôle, il peut s'accumuler et affecter profondément votre santé mentale, physique, et émotionnelle. Une gestion efficace du stress, qu'il découle de facteurs externes ou des pressions que vous vous imposez, est essentielle pour retrouver un équilibre et donner un sens durable à votre quotidien.

Stratégies saines pour faire face au stress

Adopter des approches saines pour gérer le stress est essentiel pour préserver votre bien-être et maintenir votre élan vers vos objectifs. Voici des stratégies pratiques qui vous aideront à mieux gérer les pressions quotidiennes tout en favorisant un état d'esprit positif.

1. Identifier et comprendre vos déclencheurs

La première étape consiste à identifier les causes de votre stress. Demandez-vous : « Qu'est-ce qui déclenche mon stress ? » Qu'il s'agisse d'une surcharge de travail, d'une relation tendue, ou d'une situation inattendue, comprendre vos déclencheurs est crucial.

2. Tenez un journal du stress pour approfondir cette réflexion :

Notez les causes : Quelles sont les situations ou les événements qui génèrent du stress ?

Analysez vos réactions : Comment réagissez-vous émotionnellement ou physiquement ?

Évaluez vos stratégies : Quelles solutions avez-vous utilisées, et ont-elles fonctionné ?

Cet exercice vous permet d'identifier les schémas de stress et d'apporter des ajustements pour répondre plus efficacement aux défis futurs.

3. Adoptez des mécanismes d'adaptation sains

Remplacez les comportements nuisibles, tels que la surconsommation d'aliments ou l'évasion dans des distractions numériques, par des alternatives positives :

- Prenez des pauses régulières : Faites des pauses conscientes pour vous détendre ou pratiquer une activité relaxante comme une marche en plein air. Ces pauses permettent de recharger votre énergie et de réduire significativement les tensions.
- Apprenez à dire non : Évitez de vous surcharger de responsabilités inutiles. Fixez des limites claires pour préserver votre santé mentale tout en maintenant une productivité équilibrée.
- Exprimez-vous : Parlez de vos préoccupations avec une personne de confiance. Une conversation ouverte peut apaiser vos tensions et fournir de nouvelles perspectives.
- Limitez l'exposition aux réseaux sociaux : Réduisez le temps passé en ligne pour éviter les comparaisons négatives et cultiver un état d'esprit plus positif et reconnaissant.
- Pratiquez l'acceptation : Reconnaissez ce qui est hors de votre contrôle et concentrez-vous sur ce que vous pouvez influencer. L'acceptation libère votre esprit et réduit les frustrations inutiles.
- Minimisez les conflits : Concentrez-vous sur des activités qui vous apportent de la joie et évitez les situations qui génèrent des tensions inutiles.

Il est important de reconnaître les limites de votre capacité à gérer le stress seul. Si le stress devient accablant, demandez l'aide d'un professionnel pour explorer des solutions adaptées et restaurer votre équilibre.

6.5. Les défis de la mobilisation des ressources

Mobiliser vos ressources de manière réfléchie est une étape cruciale pour progresser efficacement vers vos objectifs tout en évitant les écueils courants qui pourraient compromettre votre réussite. L'une des erreurs les plus fréquentes consiste à ne pas évaluer correctement les ressources disponibles. Une évaluation incomplète ou imprécise de vos moyens—qu'ils soient financiers, matériels, humains ou intellectuels—peut entraîner une mauvaise allocation et des retards évitables. Pour contourner ce problème, il est essentiel de dresser un inventaire détaillé dès le début. Cette analyse vous permettra d'identifier ce dont vous disposez déjà, tout en mettant en lumière les lacunes à combler pour assurer un avancement fluide de votre projet.

Un autre piège majeur est de dépendre excessivement d'une seule ressource. Miser tout sur une seule source de soutien, qu'il s'agisse d'un financement, d'une compétence clé ou d'une relation spécifique, peut rendre votre plan vulnérable aux imprévus. Si cette ressource devient indisponible, cela pourrait mettre en péril l'ensemble de votre stratégie. La solution réside dans la diversification. En multipliant vos options et vos sources de soutien, vous renforcez la résilience de votre plan. Cela peut inclure l'élargissement de vos partenariats, le développement de compétences supplémentaires ou la répartition des risques sur plusieurs fronts.

Enfin, le manque de recherche approfondie et d'adaptabilité peut freiner votre progression. Commencer un projet sans une planification solide ou sans prévoir d'alternatives peut mener à des erreurs coûteuses et à un blocage face aux obstacles. Pour éviter cela, investissez du temps dans une préparation minutieuse qui inclut des scénarios de secours. Maintenir une approche flexible est également essentiel pour ajuster vos priorités et vos stratégies en fonction des circonstances imprévues. Cette capacité d'adaptation garantit que vous pouvez surmonter les défis tout en restant aligné avec votre vision.

En évitant ces erreurs, vous maximisez l'efficacité de vos ressources et renforcez votre capacité à progresser de manière continue vers vos aspirations. Une planification rigoureuse, une diversification intelligente et une stratégie adaptable sont les piliers d'un parcours solide et résilient vers la réalisation de vos objectifs.

Réfléchissez et répondez

Exercice de Priorisation : Réfléchissez à vos priorités actuelles. Y a-t-il des ressources sur lesquelles vous devriez vous concentrer davantage ? Quelles mesures pouvez-vous prendre pour mieux mobiliser ces ressources ?

Résumé

Dans ce chapitre, nous avons exploré l'importance capitale d'identifier et de mobiliser vos ressources, une étape fondamentale pour transformer votre vision en réalité. Tout comme un soldat ne s'aventure pas sur le champ de bataille sans équipement adéquat, vous devez vous assurer de rassembler et d'utiliser stratégiquement vos ressources—qu'il s'agisse de moyens financiers, de compétences personnelles, ou de relations clés. Une préparation soignée constitue le socle de votre réussite.

Avec vos ressources désormais en place, le moment est venu de passer à l'action. Dans le prochain chapitre, nous examinerons comment affronter et surmonter les obstacles qui se dressent sur votre chemin. À l'image de Josué guidant les Israélites vers la victoire, vous découvrirez des stratégies pour relever les défis avec courage et persévérance, et avancer avec détermination vers vos objectifs.

Pratiques pour se transformer

1. Faites l'inventaire de vos ressources :

• *Étape à suivre* : Dressez une liste complète de toutes les ressources dont vous disposez actuellement, y compris les actifs financiers, les compétences, les relations et le temps.

2. Réalisez une analyse SWOT :

• *Étape à suivre* : Identifiez vos forces, faiblesses, opportunités et menaces afin de mieux comprendre comment utiliser efficacement vos ressources.

3. Définissez les priorités :

• *Étape à suivre* : Déterminez quelles ressources sont les plus critiques pour atteindre vos objectifs immédiats et concentrez-vous sur leur mobilisation en premier.

4. Cherchez des conseils d'experts :

• *Étape à suivre* : Consultez des mentors ou des professionnels qui peuvent vous fournir des conseils sur la meilleure façon d'utiliser vos ressources.

5. Planifiez l'acquisition :

• *Étape à suivre* : Identifiez les ressources supplémentaires dont vous avez besoin et élaborez un plan pour les acquérir, que ce soit par le réseautage, l'apprentissage de nouvelles compétences ou l'obtention de financements.

Chapitre 7

Menez la guerre

« Le peuple poussa des clameurs et l'on sonna du cor. Lorsque le
peuple entendit le son du cor, il poussa une grande clameur, le rempart
s'écroula sur lui-même, et le peuple monta vers la ville chacun devant soi.
Ils s'emparèrent de la ville. » Josué 6:20

Israël a dû relever un défi monumental : pour s'approprier la terre que Dieu leur avait promise, ils devaient affronter des ennemis redoutables. Cette terre n'était pas ordinaire, c'était Canaan, un pays décrit comme ruisselant de lait et de miel. Pour conquérir ce territoire, les Israélites ont dû se préparer avec soin, perfectionnant leurs compétences et développant des stratégies pour vaincre des adversaires puissants tels que les Cananéens, les Amalécites et les Philistins. Mais imaginons un instant qu'Israël ait décidé de ne pas combattre, s'appuyant uniquement sur la promesse divine pour déblayer le chemin. Que ce serait-il passé ?

La réponse est claire : sans action, Israël n'aurait jamais accédé à l'héritage promis. Pire encore, ils auraient été submergés par des peuples locaux bien plus établis. Le combat était donc indispensable, une étape incontournable pour matérialiser leur promesse divine par le courage, l'engagement et une foi active.

De la même manière, atteindre votre propre "Canaan" ne se limite pas à planifier. Il faut agir. L'action est la clé qui transforme une vision en réalité. Trop de personnes restent confinées dans une existence médiocre, n'osant ni rêver grand ni prendre des risques. Pourtant, le succès exige de sortir de sa zone de confort et de s'investir pleinement pour concrétiser ses aspirations. Ce ne sont pas les gestes spectaculaires qui comptent le plus, mais les efforts réguliers et constants. Pas à pas, ces efforts accumulés finissent par créer des changements profonds. La constance est ce qui génère l'élan, cette force motrice essentielle au changement. Cela évoque mon propre parcours après l'université, où j'ai dû surmonter des choix complexes et affronter des défis importants pour concrétiser mes objectifs professionnels.

Après avoir obtenu mon diplôme universitaire, j'ai refusé une offre d'emploi de mon ancienne université. Au lieu de cela, j'ai choisi de me lancer sur le marché du travail, malgré sa nature difficile et concurrentielle. Mon objectif était clair : intégrer une organisation internationale, une carrière réputée pour ses excellentes conditions de travail. Déterminé, j'ai passé plusieurs années à postuler, à rédiger des lettres de motivation, et à déposer mon curriculum vitae dans chaque bureau d'organisation internationale dont j'apprenais l'existence.

Un jour, un ami travaillant dans une organisation internationale m'a parlé d'un poste vacant chez eux. Intéressé, j'ai exprimé mon désir de postuler. Mon ami a mentionné mon nom à son supérieur, qui a demandé à voir mon curriculum vitae. Bien que l'offre ne corresponde pas directement à mon domaine d'études, mes expériences variées acquises à travers des stages, des formations et des emplois temporaires rendaient ma candidature pertinente. À ce moment-là, je travaillais comme photographe indépendant et tuteur scolaire, une combinaison qui a particulièrement attiré l'attention du supérieur. Après un entretien, j'ai obtenu le poste.

Deux ans plus tard, l'organisation a reçu un financement du gouvernement américain pour mener un grand projet de sécurité alimentaire à l'Est de la République Démocratique du Congo. Le représentant légal de l'organisation c'est souvenu de mes compétences académiques et m'a confié la coordination du volet agricole du projet. Ce dernier devait bénéficier à 1 200 foyers agricoles repartis sur un territoire deux fois plus grand que la ville de Houston au Texas. Pensez-vous que j'aurais obtenu ce rôle en restant passif, mon diplôme universitaire entre les mains, me contentant de visualiser mes objectifs ? Absolument pas ! Cela a nécessité une stratégie, une planification, des actions concrètes, et l'utilisation efficace de mes ressources, tout en construisant un réseau relationnel et en saisissant les opportunités.

Le même effort s'est appliqué à ma vision de vivre dans un pays occidental. J'ai passé des heures dans des cybercafés, cherchant des informations sur les études, les voyages, et l'immigration. J'y étais tellement fréquent que je suis devenu ami avec les gérants. Je me suis inscrit dans plusieurs universités canadiennes et européennes et ai postulé à des bourses d'études internationales, sans succès. Puis, j'ai découvert la loterie américaine, le programme Diversity Visa

(DV). J'ai étudié attentivement les conditions de participation, sachant qu'elles étaient strictes et qu'une petite erreur pouvait entraîner le rejet de ma candidature.

Malgré plusieurs échecs et des chances de réussite qui diminuaient chaque année en raison de l'augmentation des participants, je n'ai jamais abandonné. Chaque année, je soumettais ma candidature avec la même détermination. Après mon mariage, j'ai également inscrit mon épouse. Finalement, c'est elle qui a remporté la loterie, ouvrant les portes des États-Unis pour nous.

Cette expérience illustre une leçon essentielle : l'action persévérante, même face aux échecs répétés, est cruciale pour atteindre des résultats concrets. Agir sans relâche augmente vos chances de transformer une opportunité en réussite.

Considérez votre vision comme une graine plantée dans un sol fertile. La planification et la préparation en sont la lumière et l'eau qui favorisent sa croissance, mais sans effort actif pour cultiver et entretenir la terre, cette graine restera dormante. L'action, quant à elle, est le catalyseur qui transforme cette graine en un arbre florissant, capable de porter les fruits du succès.

Attendre le « moment parfait » ou les « conditions idéales » est une illusion qui peut vous paralyser. Commencez là où vous êtes, avec ce que vous avez, et avancez un pas à la fois. Même les petites actions peuvent créer une réaction en chaîne, ouvrant des portes et générant de nouvelles opportunités. Cette approche proactive vous rapproche de vos objectifs tout en cultivant un caractère résilient et orienté vers l'action.

Relevez le défi, brandissez votre épée et luttez activement pour votre terre promise. C'est à travers ce voyage et ses épreuves que vous forgerez votre destinée, incarnant ainsi l'esprit d'un véritable conquérant.

7.1. Stratégies pour une action efficace

1. Préparez-vous à agir

Avant de vous lancer, posez des bases solides en planifiant vos premières étapes avec soin. La procrastination et le perfectionnisme sont des obstacles fréquents qui peuvent ralentir votre progression. Une planification claire et pragmatique vous aide à contourner ces pièges et à démarrer avec confiance.

2. Passez à l'action

Démarrer peut sembler intimidant, mais commencez par des tâches simples pour créer un élan positif. Fixez-vous de petits objectifs atteignables qui vous permettront d'élargir progressivement votre zone de confort. Ce processus renforce votre confiance en vous et améliore votre compréhension des défis à surmonter. Rappelez-vous que la perfection n'est pas requise pour avancer : ajustez votre approche au besoin. Attendre le moment parfait est une illusion ; le véritable progrès naît de l'audace d'agir dès maintenant. Les décisions prises aujourd'hui façonnent votre avenir, alors osez avancer avec détermination vers vos objectifs.

3. Évaluez vos progrès

Après avoir accompli certaines tâches, prenez le temps de réfléchir à vos performances :

Qu'est-ce qui a bien fonctionné ?

Quels obstacles avez-vous rencontrés ?

Quels écarts existe-t-il entre vos objectifs et vos réalisations ?

Analysez vos succès et vos échecs pour en comprendre les raisons. Avez-vous sous-estimé le temps requis ou visé trop haut ? Aucun problème : chaque expérience est une occasion d'apprentissage. Utilisez ces leçons pour affiner vos stratégies, ajuster vos plans, et repartir avec une énergie renouvelée pour continuer votre progression.

Réfléchissez et répondez

Exercice de réflexion :

Réflexion motivationnelle : Réfléchissez à un moment où vous avez pris des mesures avec succès et atteint un objectif. Quelles stratégies avez-vous utilisées et comment pouvez-vous les appliquer à vos objectifs actuels ?

7.2. Les obstacles à l'action

Chaque parcours vers une vision est jalonné d'obstacles. Identifier ces barrières et les surmonter est crucial pour progresser efficacement :

1. La peur de l'échec

La peur est un ennemi insidieux qui s'infiltre dans l'esprit et suscite des inquiétudes paralysantes sur ce qui pourrait mal tourner. Elle freine souvent l'élan, en particulier face à l'inconnu où les erreurs semblent inévitables. Pourtant, ces erreurs ne sont pas des échecs, mais des opportunités d'apprentissage. Chaque faux pas est un tremplin vers l'amélioration.

Reconnaissez que la peur est une réponse naturelle au risque et à l'incertitude. Apprenez à la transformer en moteur. En affrontant vos craintes, vous réaliserez qu'elles reposent souvent sur des limitations auto-imposées, et non sur la réalité de vos capacités. Plus encore, l'échec renforce la résilience et témoigne de votre volonté de persévérer. Le seul véritable échec est de ne pas essayer. Prenez chaque revers comme une opportunité d'apprentissage et avancez avec courage et détermination.

2. L'indécision

Trop réfléchir peut paralyser vos actions et entraîner des occasions manquées. Bien qu'il soit sage d'évaluer soigneusement vos options, une indécision prolongée freine le progrès. Agissez avec détermination, même si cela signifie commettre des erreurs. Chaque décision, même imparfaite, est une étape vers vos objectifs, car elle vous enseigne des leçons précieuses.

Rappelez-vous qu'il vaut mieux avancer avec des imperfections que rester immobile par crainte de l'échec. Chaque action, même modeste, contribue à construire la confiance nécessaire pour surmonter de plus grands défis.

3. La préoccupation de l'opinion des autres

L'inquiétude excessive quant à ce que pensent les autres peut étouffer vos ambitions. Bien qu'il soit utile de prêter attention aux critiques constructives, ne laissez pas la négativité ou le jugement inutile freiner votre progression.

Renforcez votre confiance en vous en vous concentrant sur vos forces et vos aspirations, tout en acceptant qu'il est impossible de plaire à tout le monde. Ce qui compte, c'est de rester fidèle à votre vision et à vos valeurs. Votre valeur réside dans votre capacité à poursuivre vos objectifs, et non dans la validation des autres.

4. Le manque de confiance en soi

Comme nous l'avons exploré dans un chapitre précédent, la confiance en soi est indispensable pour avancer avec audace. Douter de vos capacités peut conduire à l'inaction. Adoptez un état d'esprit positif et affirmé, car votre croyance en vos aptitudes influence directement vos résultats.

Rappelez-vous les mots d'Henry Ford : « Que vous pensiez pouvoir le faire ou non, vous avez raison. » Cultivez cette confiance, car elle est la base de vos actions et de votre succès.

5. L'auto-illusion

Se méprendre sur ses capacités réelles ou éviter d'affronter les vrais problèmes peut entraver sérieusement le progrès. Comme s'embourber dans la boue, focaliser votre énergie sur des détails insignifiants vous éloigne de l'essentiel.

Soyez honnête avec vous-même. Une auto-évaluation régulière est cruciale pour vérifier votre progression. Comme une boussole ou une carte pendant un voyage, ces points de contrôle vous garantissent que vous restez sur la bonne voie et que vos efforts sont bien alignés sur vos objectifs.

Réfléchissez et répondez

Exercice de réflexion :

Plan d'action : Créez un plan d'action détaillé pour l'un de vos objectifs. Réfléchissez aux obstacles potentiels et à la manière dont vous allez les surmonter. Quelles ressources et quel soutien vous sont nécessaires pour réussir ?

7.3. Combattre l'indécision

L'indécision peut sérieusement freiner le progrès personnel et professionnel, souvent alimentée par un manque de confiance en soi et une peur excessive de l'échec. Elle pousse parfois à dépendre des autres pour prendre des décisions, privant ainsi de l'opportunité de vivre pleinement et d'assumer ses choix. Comme le souligne Charles Stanley : « La peur étouffe notre pensée et nos actions. Elle crée une indécision qui entraîne la stagnation. » Reconnaître que la peur est à la racine de cette hésitation est la première étape pour la surmonter. En adoptant une approche plus résolue, vous pouvez transformer cette peur en un moteur pour avancer avec assurance et conviction.

Stratégies pour surmonter l'indécision

Voici quelques stratégies pour vous aider à surmonter l'indécision :

- Clarifiez vos objectifs : Des objectifs clairs peuvent simplifier des décisions complexes. Notez vos objectifs pour garder vos décisions focalisées et alignées sur vos visions à long terme.

- Évaluez l'impact de l'indécision : Comprenez comment le fait de ne pas prendre de décisions peut affecter négativement votre vie, ce qui peut vous motiver à devenir plus décisif.

- Limitez la suranalyse : Bien qu'il soit important de considérer les conséquences, en être obséder peut devenir paralysant. Prenez des décisions éclairées et faites confiance au processus.

- Soyez délibéré : Accordez-vous suffisamment de temps pour évaluer les décisions en profondeur, afin d'éviter des conclusions hâtives.

- Évitez l'impulsivité : Les réactions rapides peuvent mener à de mauvaises décisions. Réfléchissez avant d'agir pour vous assurer que vos choix sont bien réfléchis.

- Utilisez une réflexion stratégique : Énumérez vos options et évaluez leurs avantages et inconvénients. Cette approche méthodique aide à clarifier la meilleure voie à suivre.

- Commencez petit : Construisez votre confiance en matière de prise de décision en traitant efficacement de petites décisions. Cette pratique améliorera vos compétences progressivement.

- Choisissez bien les conseils : Demandez des avis de manière sélective et judicieuse. Une dépendance excessive aux autres peut perpétuer l'indécision.

- Fixez des échéances personnelles : Les échéances peuvent créer un sentiment d'urgence, aidant à concentrer le processus de prise de décision.

- Gérez le stress : Utilisez des techniques de réduction du stress pour garder l'esprit clair, facilitant une meilleure prise de décision.

- Rejetez le perfectionnisme : Acceptez que les erreurs fassent partie du processus d'apprentissage et que chaque choix apporte des leçons précieuses.
- Favorisez la confiance en soi : Développez la confiance en votre capacité à prendre des décisions en réfléchissant sur vos succès passés.

En appliquant ces stratégies, vous pouvez diminuer considérablement l'indécision, ce qui vous permettra de prendre des actions plus sûres et plus affirmées vers la réalisation de vos objectifs. Adopter une approche proactive renforcera vos compétences en prise de décision, vous permettant d'avancer avec confiance vers vos aspirations et de surmonter les obstacles qui se dressent sur votre chemin.

Réfléchissez et répondez

Exercice de réflexion : Évaluer l'impact de l'indécision

Objectif : Comprendre les conséquences de l'indécision et encourager une prise de décision proactive.

Instructions :

Indécisions passées : Réfléchissez à un moment où vous avez été indécis concernant une question importante. Rédigez un bref résumé de la situation.

Analyse de l'impact : Réfléchissez aux conséquences de votre indécision. Posez-vous les questions suivantes :

Quelles opportunités ai-je manquées à cause de mon hésitation ?

Comment mon indécision a-t-elle affecté mon niveau de stress et mon bien-être général ?

Quels auraient pu être les avantages potentiels d'une décision prise en temps opportun ?

Engagement pour l'avenir : Notez un domaine actuel dans lequel vous vous sentez indécis et engagez-vous à prendre une décision dans un délai précis.

7.4. La peur des risques

Au niveau sociétal, la capacité à prendre des risques calculés est un moteur indispensable à l'innovation et au progrès. Une société qui évite systématiquement le risque s'expose à la stagnation et passe à côté d'opportunités cruciales pour son développement. Encourager une culture où la prise de risque est perçue comme une composante essentielle du progrès permet non seulement de stimuler la croissance individuelle, mais également de renforcer le dynamisme collectif.

Reconnaître ses peurs sans s'y soumettre, c'est comprendre que le risque est un élément naturel de toute grande réalisation. En apprenant à gérer ces risques de manière réfléchie, vous ne favorisez pas seulement votre propre épanouissement, mais vous contribuez également au progrès collectif. Ne laissez pas la peur devenir un obstacle : chaque risque calculé que vous prenez ouvre une voie vers la croissance, tant pour vous-même que pour la société tout entière.

La gestion des risques

Dans votre quête de croissance et de progrès, accueillir le risque est une étape fondamentale. Chaque décision, qu'elle soit personnelle ou professionnelle, comporte une part d'incertitude. Pourtant, c'est précisément en prenant des risques calculés que vous pouvez franchir des étapes décisives vers vos objectifs. Reconnaître que le risque fait partie intégrante de la vie ne doit pas être une source de découragement, mais une invitation à le gérer avec sagesse et préparation. Chaque action implique un potentiel d'échec ou de perte, mais elle ouvre également la voie à des opportunités inestimables de développement.

La clé réside dans la distinction entre une prise de risque réfléchie et l'imprudence. Une gestion efficace des risques repose sur une évaluation rigoureuse des conséquences potentielles et la mise en place de stratégies pour les atténuer. Identifier les risques liés à vos objectifs, prévoir des plans de contingence et vous préparer à naviguer dans l'incertitude renforce votre confiance. Même rester dans sa zone de confort comporte ses propres risques, tels que la stagnation ou les opportunités manquées.

Pour maximiser votre potentiel, il est crucial d'adopter une approche proactive face aux risques. Diversifiez vos actions, investissez dans des pratiques qui renforcent votre bien-être, et préparez-vous aux imprévus. Cette méthode vous permet de prendre des décisions éclairées et d'avancer sereinement vers vos aspirations. Comme un navire affrontant les vagues de l'incertitude, ce n'est qu'en naviguant à travers les turbulences que vous découvrirez de nouvelles opportunités menant au succès.

Stratégies pour une gestion efficace des risques

Voici comment aborder efficacement la gestion des risques :

- Identifier et évaluer les risques : Commencez par recenser les risques associés à vos objectifs. Analysez leur probabilité et leur impact pour mieux vous y préparer. Une compréhension claire des enjeux vous permettra d'agir avec discernement.
- Fixer des objectifs réalistes : Cela réduit les incertitudes et donne une direction claire à vos actions.
- Développer un plan stratégique : Une fois les risques identifiés, élaborez des stratégies pour les atténuer. Cela peut inclure la constitution d'un filet de sécurité financier, la recherche d'un mentor, ou l'acquisition de compétences spécifiques avant de faire une transition majeure.
- Chercher des retours : Consultez des mentors, des pairs ou des experts pour obtenir des perspectives extérieures. Leurs conseils peuvent enrichir vos stratégies et vous aider à éviter des erreurs courantes.
- Mettre en place des stratégies d'adaptation : Cultivez des compétences en gestion du stress et en résilience émotionnelle. La pleine conscience, l'exercice physique ou l'écriture peuvent vous aider à maintenir un équilibre face à l'incertitude.
- Surveiller et ajuster : Restez vigilant quant à vos progrès et adaptez vos plans si nécessaire. Une flexibilité stratégique vous permettra de rester

aligné sur vos objectifs tout en répondant efficacement aux imprévus.

En adoptant ces stratégies, vous apprendrez à embrasser les risques avec assurance. Plutôt que de les voir comme des obstacles, considérez-les comme des tremplins vers des opportunités et des réalisations significatives.

Réfléchissez et répondez

Exercice de réflexion 1 : Comprendre votre peur

Objectif : Identifier et comprendre les causes profondes de votre peur de prendre des risques.

Instructions :

Identifiez une situation anxiogène : Pensez à une situation récente où vous avez évité de prendre un risque. Décrivez la situation en détail.

Analysez votre peur : Réfléchissez aux peurs spécifiques qui vous ont retenu. Posez-vous les questions suivantes :

De quoi avais-je exactement peur ? (Exemple : échec, jugement, perte)

D'où viennent ces peurs ? (Exemple : expériences passées, attentes sociales)

Ces peurs sont-elles réalistes ? Quelle est la probabilité que le pire scénario se produise réellement ?

Explorez les conséquences : Réfléchissez aux conséquences de ne pas avoir pris le risque. Posez-vous les questions suivantes :

Quelles opportunités ai-je manquées en ne prenant pas ce risque ?

Comment le fait d'éviter le risque a-t-il affecté ma croissance et mon progrès ?

Quels résultats positifs auraient pu découler de la prise de ce risque ?

Questions de réflexion :

Quels schémas remarqué-je dans mes peurs de prendre des risques ?

Comment la compréhension des causes profondes de mes peurs peut-elle m'aider à mieux les gérer ?

Quelles étapes puis-je suivre pour affronter et réduire ma peur de prendre des risques ?

7.5. Les défaites temporaires

Le chemin d'Israël vers la conquête n'a pas été exempt de revers. Leur première tentative pour capturer la ville d'Aï, malgré une victoire impressionnante contre une ville bien plus grande, s'est soldée par une défaite et la perte de plusieurs hommes. Cet épisode illustre une vérité universelle : les obstacles temporaires font partie intégrante de tout parcours vers la réussite. Ils ne doivent pas être perçus comme des échecs définitifs, mais comme des occasions d'apprendre et de s'améliorer.

Chaque revers est une opportunité déguisée. Analyser pourquoi les choses n'ont pas fonctionné vous permet de tirer des leçons précieuses, d'affiner vos stratégies et de renforcer votre résilience. Comprendre que le chemin vers le succès est souvent semé d'échecs ponctuels peut alimenter votre détermination et vous aider à avancer avec plus de clarté et de force.

Les exemples bibliques abondent pour illustrer cette réalité. David, avant de devenir l'un des plus grands rois d'Israël, a dû fuir le roi Saül, traverser des épreuves personnelles comme la perte de son épouse, et même feindre la folie pour échapper à ses ennemis. De son côté, Joseph, destiné à une position élevée selon ses visions, a été vendu comme esclave par ses propres frères et injustement emprisonné. Pourtant, chacun de ces revers a préparé le terrain pour leur succès futur.

Ainsi, les obstacles ne sont pas des fins en soi, mais des tremplins vers la victoire. En accueillant chaque défi comme une opportunité de grandir, vous transformez les moments de faiblesse en sources de force, vous rapprochant toujours un peu plus de votre vision.

J'avais quinze ans lorsque j'ai rencontré mon premier grand défi scolaire. Passionné par la technologie, j'avais choisi les humanités scientifiques, mais très vite, des matières comme les mathématiques et la physique, que j'avais autrefois aimées, sont devenues un vrai cauchemar. Malgré tout mon travail et mes efforts, mes résultats continuaient à chuter, me laissant frustré et découragé. Peu importe combien je travaillais dur, chaque test semblait se moquer de mes efforts.

Le pire est arrivé un jour où notre directrice nous a publiquement humiliés, moi et d'autres élèves, en nous traitant d'échecs devant toute la classe. Cette humiliation a profondément blessé ma confiance en moi. Je me suis senti réduit à ce mot : « cancre ». Toutes mes réussites passées semblaient effacées, remplacées par un sentiment écrasant d'échec.

À la fin de l'année scolaire, la perspective de redoubler me désespérait. Mais pendant les vacances d'été, j'ai pris du recul et réfléchi. J'ai réalisé que mon problème n'était pas un manque d'effort, mais plutôt que les méthodes d'apprentissage traditionnelles ne convenaient pas à ma façon de comprendre. Cette prise de conscience a été un tournant.

Avec cette nouvelle clarté, j'ai élaboré une stratégie d'étude qui me correspondait mieux. Quand la nouvelle année scolaire a commencé, j'avais une énergie et une détermination renouvelées. Cette approche a transformé mes résultats scolaires et m'a permis de surmonter mes difficultés.

Mais cette expérience m'a aussi offert bien plus qu'une réussite scolaire. Elle m'a appris à mieux me connaître, à faire preuve de résilience, et à comprendre que les revers ne sont pas la fin du chemin. Ce sont des leçons et des tremplins qui nous aident à atteindre nos objectifs et à avancer vers notre vision.

Il y a quelques années, j'ai vécu un revers temporaire dans ma carrière, mais il m'a appris des leçons précieuses. À l'époque, je travaillais dur dans une entreprise de taille moyenne tout en cherchant activement des opportunités qui pourraient m'aider à réaliser ma vision professionnelle.

Un jour, je suis tombé sur une annonce pour un emploi temporaire le week-end via une agence, offrant presque le double de mon salaire actuel. J'ai immédiatement postulé et obtenu le poste. Le travail était dans une entreprise locale bien respectée, avec un environnement qui m'a impressionné. Cela m'a donné l'impression de faire un pas vers mes objectifs de carrière.

À la fin de cette mission temporaire, le responsable du département informatique, satisfait de mon travail, m'a proposé de passer un entretien pour un poste permanent. Malheureusement, je n'ai pas obtenu le poste. Bien que déçu, j'ai choisi de ne pas m'attarder sur cet échec. Au contraire, j'ai analysé mon expérience pour comprendre ce qui n'avait pas fonctionné et comment je pourrais m'améliorer.

Environ un an plus tard, je suis tombé sur la même annonce pour ce poste. Cette fois, j'ai postulé avec encore plus de confiance. J'ai appliqué les leçons apprises lors de ma première tentative et abordé l'entretien avec une approche différente. Résultat : j'ai obtenu le poste.

Cette expérience m'a appris que les défaites temporaires ne doivent pas être des freins, mais des opportunités pour grandir, s'améliorer et persévérer. Parfois, il faut un second essai pour transformer un échec en succès.

Surmonter les revers temporaires est une étape essentielle pour atteindre votre vision. Adopter un état d'esprit de croissance vous aide à comprendre que vos capacités et votre intelligence ne sont pas fixes, mais peuvent évoluer avec l'effort. Plutôt que de percevoir un revers comme une fin en soi, considérez-le comme une opportunité d'apprentissage et de renforcement. Chaque défi vous invite à grandir, à ajuster votre approche et à avancer avec plus de résilience.

Après mon premier entretien infructueux, j'aurais pu abandonner et croire que le poste était hors de ma portée. Mais au lieu de cela, j'ai choisi de transformer cette expérience en une leçon précieuse. Faire des erreurs n'est pas un signe d'échec, mais une étape normale du processus de progression. Ce n'est pas l'erreur qui compte, mais la manière dont vous réagissez et l'utilisez pour vous améliorer.

Voici cinq étapes pour tirer parti de vos revers :

- Réfléchissez à l'expérience : Analysez objectivement ce qui s'est mal passé. Était-ce un manque de préparation, une erreur inattendue ou un simple coup du sort ? Cette réflexion vous permettra de mieux anticiper les défis futurs.
- Apprenez de vos erreurs : Identifiez ce qui peut être corrigé et ce qui doit être renforcé. En extrayant les leçons de vos échecs, vous transformez vos erreurs en outils d'amélioration.
- Ajustez votre plan : Adaptez vos stratégies en fonction des enseignements tirés. Essayer de nouvelles approches ou perfectionner celles existantes est une manière proactive de surmonter les obstacles.
- Construisez votre résilience : Reconnaissez que les revers font partie du chemin vers le succès. Chaque défi renforcé par la persévérance vous prépare à affronter des obstacles encore plus grands.
- Continuez à avancer : Ne laissez pas un échec vous immobiliser. Chaque tentative, même imparfaite, vous rapproche de vos objectifs.

Avec ces étapes, chaque revers peut devenir un tremplin vers la réalisation de votre vision. Cultivez votre capacité à tirer des leçons de l'expérience et avancez avec détermination. Après tout, ce sont souvent les moments difficiles qui nous offrent les plus grandes opportunités de croissance.

Réfléchissez et répondez

Exercice de réflexion : Élaborer un plan de résilience

Objectif : Créer un plan pour renforcer la résilience et se préparer aux futurs revers.

Instructions :

Évaluez votre résilience actuelle : Réfléchissez à votre capacité actuelle à faire face aux revers. Posez-vous les questions suivantes :

Comment réagis-je généralement face aux revers ou aux échecs ?

Quelles stratégies d'adaptation j'utilise actuellement ? Sont-elles efficaces ?

Quels domaines de ma vie nécessitent plus de résilience ?

Identifiez des activités pour renforcer la résilience : Listez les activités et pratiques qui peuvent vous aider à développer votre résilience. Pensez à : Activités physiques (ex : exercices), Activités mentales, Activités émotionnelles (ex : écriture dans un journal, thérapie).

Créez un plan de résilience : Élaborer un plan pour intégrer des activités de renforcement de la résilience dans votre routine. Fixez des objectifs spécifiques et atteignables pour chaque domaine. Par exemple :

Physique : S'engager à faire de l'exercice pendant 30 minutes, trois fois par semaine.

Émotionnel : Écrire dans un journal chaque soir pendant 15 minutes.

Questions de réflexion :

Comment le fait de développer un plan de résilience m'aidera-t-il à gérer les futurs revers ?

Quelles activités ou pratiques spécifiques puis-je commencer à intégrer dans ma routine pour développer la résilience ?

Comment puis-je mesurer mes progrès et ajuster mon plan si nécessaire ?

7.6. Célébrez vos victoires

Célébrer vos réussites, grandes ou petites, est essentiel pour maintenir votre motivation et renforcer votre engagement envers votre vision. Reconnaître ces victoires, même modestes, agit comme un puissant catalyseur, alimentant un feu intérieur qui vous incite à persévérer. Cette pratique consolide votre confiance en vous et valide vos capacités, vous rappelant que vous avez les ressources nécessaires pour affronter les défis à venir. Chaque célébration devient un rappel tangible de votre progression, transformant vos efforts en un élan positif pour aller encore plus loin.

Célébrer efficacement

Prendre le temps de célébrer vos réussites est bien plus qu'une simple fête—c'est une opportunité de réflexion et de croissance. Chaque succès mérite d'être souligné, car il marque une étape importante dans votre parcours vers vos objectifs. Voici quelques pratiques pour tirer pleinement parti de ces moments.

1. Réflexion sur vos réussites

Après chaque accomplissement, consacrez un moment à évaluer votre parcours. Documentez vos progrès, les obstacles surmontés et les leçons apprises. Tenir un journal peut être un moyen efficace de suivre ces réflexions, renforçant votre compréhension de ce qui fonctionne et de ce qui doit être ajusté. Cela transforme chaque victoire en un outil d'apprentissage pour vos prochaines étapes.

2. Créer des rituels significatifs

Marquez vos réussites par des rituels personnels ou familiaux. Que ce soit un dîner spécial, un moment de gratitude ou une journée de relaxation, ces gestes aident à reconnaître vos efforts tout en renforçant votre engagement envers vos objectifs. Ces pauses significatives apportent une perspective positive et motivante.

3. Partage et inspiration collective

Partagez vos victoires avec les personnes qui vous soutiennent—amis, famille ou collègues. Cela multiplie non seulement votre joie, mais crée aussi une dynamique collective d'inspiration et de motivation. Les réseaux sociaux ou des échanges personnels peuvent renforcer ce sentiment de soutien mutuel et encourager les autres à poursuivre leurs propres aspirations.

4. Récompenses significatives

Offrez-vous une récompense pour célébrer vos réussites. Cela peut être un objet que vous désirez, une expérience enrichissante comme un voyage, ou simplement une activité plaisante. Ces récompenses renforcent l'association entre le travail acharné et la gratification, vous motivant à continuer à progresser.

En intégrant ces pratiques à votre quotidien, chaque succès devient un moteur pour votre motivation, un enrichissement pour votre parcours et une source d'épanouissement continu. Célébrez non seulement pour marquer l'instant, mais pour alimenter votre progression vers la réalisation de votre vision.

Réfléchissez et répondez

Exercice de réflexion : Reconnaître les réalisations

Objectif : Reconnaître et apprécier vos accomplissements, grands et petits.

Instructions :

Listez vos réalisations : Notez une liste de vos réalisations récentes. Incluez à la fois les grandes étapes et les petites victoires.

Réfléchissez sur chaque réalisation : Pour chaque élément de votre liste, réfléchissez aux questions suivantes :

Quel était l'objectif que je voulais atteindre ?

Quelles étapes ai-je suivies pour accomplir cet objectif ?

Quels défis ai-je surmontés en cours de route ?

Reconnaissez vos efforts : Réfléchissez à l'effort et au dévouement que vous avez mis pour atteindre ces victoires. Réfléchissez à la manière dont vos actions et votre persévérance ont conduit à ces succès.

Questions de réflexion :

Comment le fait de reconnaître mes réalisations me fait-il sentir par rapport à mes progrès ?

Quelles forces et compétences ai-je utilisées pour accomplir ces objectifs ?

Comment puis-je continuer à m'appuyer sur ces succès à l'avenir ?

Résumé

Dans ce chapitre, nous avons mis en lumière l'importance d'agir avec détermination pour surmonter les obstacles qui se dressent sur votre chemin vers la réalisation de votre vision. Tout comme les Israélites ont dû combattre pour revendiquer leur terre promise, vous êtes appelé à affronter vos défis avec courage et résilience. C'est par l'action que vos rêves prennent forme et deviennent réalité.

En avançant sur ce chemin, rappelez-vous que la persévérance est votre alliée la plus précieuse. Les épreuves et difficultés que vous rencontrerez ne sont pas des fins en soi, mais des opportunités pour vous renforcer et grandir. Dans le prochain chapitre, nous explorerons en profondeur le rôle essentiel de la persévérance, ainsi que la manière dont la foi et la détermination peuvent vous conduire à triompher et à atteindre votre vision ultime.

Pratiques pour se transformer

1. Créer un plan stratégique :

• *Étape d'action* : Établissez les étapes nécessaires pour atteindre vos objectifs, en incluant des délais et des jalons.

2. Passer à l'action immédiatement :

• *Étape d'action* : Commencez par des tâches petites et gérables pour créer un élan et renforcer votre confiance.

3. Surveiller les progrès :

• *Étape d'action* : Révisez régulièrement vos progrès et ajustez votre plan si nécessaire pour rester sur la bonne voie.

4. Rester motivé :

• *Étape d'action* : Utilisez des citations motivantes, des affirmations et des rappels visuels de vos objectifs pour maintenir votre concentration et votre détermination.

Chapitre 8

N'abandonnez pas

« Vous avez en effet besoin de persévérance, afin qu'après avoir accompli la volonté de Dieu, vous obteniez ce qui vous est promis. »
Hébreux 10:36

La persévérance est une qualité incontournable pour chaque guerrier aspirant à réaliser sa vision. Elle implique d'avancer avec détermination, en dépit des épreuves et des revers inévitables. L'histoire de Josué est un puissant témoignage de cette résilience : *« Josué fit longtemps la guerre contre tous ces rois »* (Josué 11:18). La conquête de Canaan, loin d'être un succès instantané, s'est déroulée sur une période d'au moins cinq ans, marquée par de multiples batailles et obstacles, ainsi que par des pertes humaines. Pourtant, Josué et son peuple ont persisté, poussés par une foi inébranlable et un engagement total envers leur vision.

Après la défaite à Aï, une guerre où les pertes furent lourdes, Josué aurait pu choisir de se satisfaire des territoires déjà acquis, comme Jéricho. Mais son refus de renoncer illustre l'essence même de la persévérance. Il a rallié son peuple, ajusté ses stratégies, et poursuivi son avancée avec une résilience admirable.

En somme, cette histoire nous montre que, pour concrétiser une vision, il faut accepter que le chemin soit souvent long et difficile. La patience, la foi et la détermination sont les piliers qui nous permettent de surmonter les défis et de persévérer, même lorsque les circonstances semblent décourageantes. La ténacité de Josué rappelle la parabole de Jésus sur un homme qui frappe à la porte de son ami à minuit (Luc 11:5-8). Bien que l'ami soit réticent à se lever et à répondre à la demande à cause de l'heure tardive, l'homme persiste. Sa détermination pousse finalement son ami à répondre à sa demande. Cette parabole souligne l'importance de la persévérance et montre que, même lorsque les réponses tardent, une action résolue peut mener à des résultats. Elle enseigne que, malgré les obstacles ou les portes qui semblent fermées, il est crucial de poursuivre avec constance sa vision, tout en s'appuyant sur la foi et la prière pour surmonter les défis.

Nous pensons souvent que réaliser notre vision devrait être facile, surtout lorsqu'on est convaincu qu'elle fait partie du plan de Dieu. Pourtant, les guerres de conquête des Hébreux montrent le contraire et soulignent l'importance de la persévérance : sans elle, ils n'auraient jamais pu accomplir leur vision. Dieu n'a pas conçu un monde sans efforts. Même les actions les plus simples, comme marcher ou manger, demandent un minimum d'engagement. Dieu a créé la force, mais aussi la résistance, et cette dernière est tout aussi utile et importante que la force. Par exemple, un avion ne peut pas voler sans la résistance de l'air. C'est la traînée de l'air qui, en s'opposant aux ailes, permet de générer la portance nécessaire pour s'élever. Sans cette résistance, le vol serait impossible. De la même manière, dans la poursuite de votre vision, les efforts et les obstacles que vous rencontrez sont essentiels pour progresser. C'est précisément cette opposition qui vous donne la force et l'élan pour avancer vers vos objectifs.

L'histoire des frères Wright illustre bien ce concept. Malgré de nombreux échecs, ils ont persévéré dans leur quête pour réaliser le vol humain, se basant sur leurs recherches en aérodynamique et apprenant de chaque expérience. Cette persévérance leur a permis de réussir le premier vol motorisé contrôlé en 1903.

Cette même détermination a aussi guidé Jack Ma, fondateur d'Alibaba. Avant de connaître le succès, il a fait face à de nombreux rejets, qu'il s'agisse d'échecs académiques ou de refus de la part des investisseurs. Malgré cela, il a persévéré avec sa vision d'un commerce électronique pour la Chine. En créant Alibaba dans des conditions modestes, il a montré que même les plus grandes réalisations commencent par la détermination et la résilience face aux échecs et aux doutes.

Te souviens-tu de l'histoire que j'ai racontée sur la façon dont j'ai décroché un poste dans une grande entreprise de la métropole où je résidais ? Eh bien, il y a une suite à cette histoire. Quelques semaines après le début de mon travail, mon patron m'a convoqué pour m'informer que le score de satisfaction client de notre équipe avait chuté drastiquement, et il attribuait cette baisse à ma performance. Il n'avait pas tort. Bien que je souhaitasse offrir un service client irréprochable, mon accent français et ma culture africaine, différente des normes américaines, entraînaient fréquemment des malentendus avec nos clients. Par exemple, lors d'un échange avec une cliente, j'ai dit : « I can't help you. » (Ce qui se traduit en français : Je ne peux pas vous aider), voulant exprimer une limitation technique, mais elle l'a perçu comme un refus direct, et, ne me laissant même pas le temps de m'expliquer, a terminé l'appel en colère, menaçant de se plaindre à mon supérieur. Ce soir-là, je craignais un licenciement imminent. Heureusement, ce ne fut pas le cas.

Conscient de mes difficultés, mon patron m'a offert un soutien inébranlable à travers des séances de formation et de nombreux conseils. Il était toujours présent pour m'accompagner et suivre mes progrès. Malgré mes efforts et une amélioration lente de ma performance, le score de satisfaction client restait stagnant. Après deux mois, convaincu que la patience de mon supérieur s'épuisait, je m'attendais à être licencié. Pourtant, je suis resté, déterminé à m'améliorer chaque jour et à continuer de me rendre au bureau tant que mon badge m'y donnait accès.

À la fin du premier trimestre, mon patron m'a accordé une période de grâce supplémentaire de trois mois, précisant que si je ne parvenais pas à m'améliorer, il serait dans l'obligation de se séparer de moi. Bien que mon ancien employeur m'ait proposé de me réembaucher entre-temps, j'ai choisi de persévérer plutôt que d'abandonner. Pendant la période de grâce, un employé de notre département a quitté l'entreprise, laissant un poste vacant dans une équipe différente de la mienne mais toujours sous la supervision de mon patron. Il m'a encouragé à essayer ce nouveau poste pour voir si, malgré mon manque d'expérience dans ce domaine, je pouvais m'y adapter et y trouver de l'intérêt. Contre toute attente, j'y ai excellé et suis resté dans l'entreprise.

Le temps passé dans cette entreprise m'a offert des opportunités de croissance professionnelle, d'élargir mon réseau et de nouer des amitiés durables. Mon patron, dont la patience et le soutien m'ont aidé à trouver le poste qui me convenait le mieux, est devenu un véritable ami. Avec un peu de recul, je réalise que rien de cela n'aurait été possible si j'avais renoncé. Cette expérience a augmenté ma résilience et m'a préparé pour la réussite dans l'entreprise que j'ai rejointe quelques années plus tard.

Dans ta quête, attends-toi à rencontrer des revers et des échecs. Cependant, ces défis ne doivent jamais briser ton esprit. Souviens-toi, c'est la persévérance qui te permet de progresser envers et contre tout. Bien que la planification et l'exécution soient essentielles, la persévérance est le carburant qui maintient la flamme de ton ambition allumée, te permettant d'avancer et de transformer ta vision en réalité.

La persévérance est un engagement répété et inébranlable à poursuivre le chemin que tu as choisi. Cette qualité est une pierre angulaire du succès. Ton intelligence, tes talents et tes ressources importent peu sans la ténacité nécessaire pour surmonter les obstacles. Souviens-toi que, enfant, c'est ta persévérance qui t'a permis d'apprendre à marcher malgré les chutes.

Réfléchissez et répondez

Exercice de réflexion :

Analyse de la routine quotidienne : Réfléchissez à votre routine quotidienne. Y a-t-il des habitudes ou des pratiques qui vous aident à persévérer ? Y en a-t-il qui entravent votre progression ? Comment pouvez-vous ajuster votre routine pour soutenir votre persévérance ?

8.1 Persévérance, persistance et ténacité

Bien que la persévérance, la persistance et la ténacité semblent similaires et soient essentielles pour réussir, chacune apporte une nuance particulière. La persévérance, c'est rester engagé envers un objectif à long terme malgré les obstacles. Elle incarne votre détermination à poursuivre le chemin, même lorsque les difficultés surgissent. La persistance, quant à elle, consiste en un effort constant pour avancer, surmontant les échecs et les refus. Elle est le reflet d'une détermination inlassable, qui transforme chaque obstacle en opportunité d'apprentissage. Enfin, la ténacité est la force de rester fermement attaché à votre vision, même lorsque les chances de succès semblent minces ; elle combine persévérance et persistance, mais avec une détermination inébranlable face à l'adversité.

Ensemble, ces qualités forment un trio puissant qui vous arme pour relever les défis et réaliser vos ambitions. La persévérance vous donne l'endurance nécessaire pour avancer, la persistance vous pousse à aller toujours plus loin, et la ténacité vous permet de rester ancré dans votre objectif, quelles que soient les circonstances. En cultivant ces trois traits, vous renforcez votre capacité à transformer votre vision en réalité, par un engagement constant, un effort soutenu, et une volonté inébranlable.

Caractéristiques d'une personne qui manque de persévérance

Pour vous auto-évaluer et comprendre où vous vous situez, voici quelques caractéristiques qui peuvent indiquer un manque de persévérance, de persistance ou de ténacité.

Les individus qui manquent de persévérance ont tendance à présenter les cinq caractéristiques suivantes :

1. Incohérence : Ils peuvent avoir du mal à maintenir une approche régulière des tâches. Leur intérêt et leurs efforts peuvent fluctuer, entraînant des résultats inégaux.
2. Faible tolérance à la frustration : Les revers et les défis les découragent rapidement. Ils ont tendance à abandonner face aux obstacles.
3. Manque d'autodiscipline : S'engager dans les routines nécessaires pour atteindre leurs objectifs est une lutte en raison d'un manque de maîtrise de soi.
4. Concentration à court terme : La gratification immédiate l'emporte souvent sur les récompenses à long terme dans leur esprit, entraînant des décisions et des actions irréfléchies.
5. Vision négative : Une vision pessimiste de leurs capacités et de leur potentiel de succès peut entraver considérablement la persistance. Ils peuvent éviter les

défis, les croyant insurmontables, et sapent souvent leurs propres efforts par ces croyances négatives.

Caractéristiques d'une personne qui manque de persistance

Les individus qui manquent de persistance affichent généralement les cinq caractéristiques suivantes :

1. Manque de motivation : Imaginez commencer chaque journée sans cette étincelle d'excitation pour vos projets. C'est un signe de faible motivation, où se lancer semble être une corvée nécessitant une poussée extérieure.

2. Facilement distrait : Imaginez ceci : vous êtes sur votre chemin, concentré, et soudainement - oh, regardez, quelque chose de brillant ! Cette tendance à être détourné par des distractions signifie que les tâches sont souvent laissées inachevées.

3. Impatience : Dans notre monde de gratification instantanée, attendre des résultats peut sembler tortueux. Si vous vous retrouvez à taper du pied, attendant un succès immédiat, c'est un signe d'impatience qui fait dérailler vos progrès.

4. Peur de l'échec : C'est le monstre sous le lit pour beaucoup. La peur de ne pas réussir les paralyse souvent, alors ils ont tendance à éviter de prendre des risques. C'est cette voix qui vous dit de ne pas essayer parce que vous pourriez trébucher. Mais rappelez-vous, chaque grande histoire a ses épreuves.

5. Faible estime de soi : Si vous doutez souvent de vos propres capacités, pensant que vous n'êtes pas capable de surmonter les défis ou d'atteindre vos objectifs, c'est comme porter un sac à dos invisible rempli de briques sur votre chemin vers le succès.

Caractéristiques d'une personne qui manque de ténacité

Les individus qui manquent de ténacité présentent souvent cinq caractéristiques clés qui rendent leur chemin vers le succès plus difficile.

1. Ils ont tendance à éviter les tâches difficiles, restant dans ce qui est confortable et évitant tout ce qui semble trop difficile.
2. Leur effort est incohérent. il a tendance à fluctuer, ce qui entrave leur progression régulière vers leurs objectifs.
3. Ils sont généralement réticents au changement. Cette résistance à s'adapter peut les rendre incapables de se réorienter en réponse à de nouvelles demandes ou situations.
4. Ils manquent de résilience. Lorsque des revers surviennent, rebondir rapidement n'est pas leur point fort, les conduisant souvent à abandonner face à des défis importants.
5. Ils sont focalisés sur le court terme. Prioriser les récompenses immédiates sur les objectifs à long terme signifie qu'ils pourraient manquer la vue d'ensemble, limitant leur capacité à persévérer lorsque les choses deviennent difficiles.

Connaître ces caractéristiques ne suffit pas ; il est essentiel de travailler activement à les corriger. Considérez chaque défi comme une opportunité de renforcer votre persévérance, votre persistance et votre ténacité. En adoptant cette approche, vous vous dotez des outils nécessaires pour un effort soutenu, une résilience face aux obstacles et une meilleure chance d'atteindre vos objectifs. Cet engagement constant envers le développement personnel vous prépare à affronter chaque obstacle, transformant chaque étape en un pas concret vers la réalisation de votre vision.

Conseils pour cultiver un esprit de persistance

Pour favoriser la persistance, nous devons :

- Apprendre à accepter l'échec : Considérez les revers comme des leçons plutôt que des obstacles.
- Construire la confiance en soi : La confiance en vos capacités vous encourage à persévérer pendant les périodes difficiles.
- Exercer la patience : Comprenez que des progrès significatifs prennent du temps et nécessitent des efforts constants.
- Rester concentré sur votre vision : Gardez vos objectifs ultimes à l'esprit pour rester motivé.
- Maintenir une bonne santé physique : L'exercice régulier et une alimentation équilibrée fournissent l'énergie nécessaire pour un effort soutenu.

Conseils pour développer la ténacité

Pour développer la ténacité, voici ce que vous devez faire :

- Voir chaque défi comme une opportunité de croissance.
- Savoir adapter vos stratégies en fonction des nouvelles situations.
- Construire une communauté solidaire en vous entourant de personnes qui vous encouragent et comprennent votre parcours.
- Avoir une vision claire et bien définie pour alimenter votre détermination à surmonter les obstacles.

Rappelez-vous que faire preuve de ténacité signifie s'accrocher inlassablement à votre vision, même lorsque les épreuves s'accumulent. La ténacité n'est pas une qualité innée — elle s'acquiert.

Conseils pour développer la persévérance

Voici plusieurs stratégies pour renforcer votre persévérance et vous guider vers la réalisation de votre vision :

- Restez motivé : gardez votre détermination face aux succès et aux échecs.
- Restez focalisé sur vos objectifs : Être concentré sur vos objectifs est essentiel pour réussir.
- Planifier et s'adapter : Soyez prêt à ajuster vos stratégies si nécessaire.
- Passer à l'action : Avancez avec détermination et évitez la procrastination.

- Cessez de trouver des excuses : S'excuser constamment est le signe d'une détermination en déclin, souvent en quête de la voie de la moindre résistance. Engagez-vous à respecter vos décisions et évitez les distractions qui vous éloignent de votre trajectoire. Rappelez-vous que votre plus grand obstacle est souvent vous-même. L'honnêteté et le sens des responsabilités sont vos meilleurs alliés pour atteindre votre vision.
- Concentrez-vous sur l'avenir : Priorisez l'amélioration continue et regardez vers l'avenir.
- Évitez de ressasser les revers : Considérez chaque défi comme une occasion de grandir.
- Célébrez les réussites : Reconnaissez chaque accomplissement pour renforcer le moral et la motivation.
- Exercez la patience : Reconnaissez que les grandes réalisations prennent du temps.
- Demandez de l'aide quand c'est nécessaire : N'hésitez pas à demander de l'aide pour rester concentré et efficace.

En intégrant ces stratégies dans votre quotidien, vous posez une base solide pour un succès durable. Que ce soit par un effort persistant, une concentration tenace, ou une action persévérante, chaque pas que vous faites est essentiel pour naviguer sur le chemin vers la réalisation de votre vision.

Réfléchissez et répondez

Exercices de réflexion :

Histoire de persévérance : Réfléchissez à un moment où vous avez fait face à des défis importants mais avez persévéré. Qu'est-ce qui vous a motivé à continuer ? Comment pouvez-vous appliquer ces leçons à votre situation actuelle ?

8.2. Obstacles à la persévérance

Voici les principaux obstacles à la persévérance, tels que soulignés par Napoléon Hill dans son livre "Réfléchissez et devenez riche", ainsi que des stratégies pour les contrer :

• Ne pas définir clairement vos objectifs : Nous n'insisterons jamais assez sur cela. Vous avez besoin d'une cible claire à atteindre. Sans objectif précis, vous tirez des flèches dans le brouillard. Définir vos objectifs vous permet de vous concentrer, de travailler dur et de donner la priorité à ce qui compte vraiment. La clarté est cruciale lors de la fixation de vos objectifs, car elle guide vos efforts de manière plus efficace.

• Hésitation, alibis et excuses : Rappelez-vous, la route vers nulle part est pavée d'excuses. Faire des excuses qui vous empêchent d'atteindre vos objectifs fait de vous votre pire ennemi. Pour atteindre la grandeur, contournez ces obstacles avec une détermination inébranlable. Les excuses ne font qu'affaiblir votre ambition et étouffer vos progrès.

• Indécision et abandon de la prise de décision : L'indécision peut paralyser le progrès. Il est essentiel de peser vos options et de prendre des décisions éclairées. Permettre aux autres de décider pour vous signifie perdre la maîtrise du volant de votre vie. Restez maître de votre destin en prenant vos propres décisions et en restant fidèle à votre chemin.

• Autosatisfaction : Bien que trouver le contentement dans la vie soit précieux, la complaisance peut vous empêcher de viser plus haut. Fixez-vous des objectifs ambitieux et assurez-vous que vos actions sont en adéquation avec vos aspirations. La complaisance engendre la stagnation, tandis que l'ambition nourrit la persévérance.

• Abandonner au premier signe de défaite : La clé est de ne jamais abandonner. Les défis sont inévitables, mais l'abandon ne devrait jamais être une option. Chaque revers est une marche vers des réalisations plus grandes. Rappelez-vous, abandonner au premier obstacle garantit l'échec avant même que la bataille ne commence.

• Négliger les opportunités : Lorsque l'opportunité se présente, accueillez-la à bras ouverts. Les occasions manquées sont des chances de croissance et de succès perdues. Évaluez et saisissez ces occasions en comprenant leur potentiel à vous faire avancer.

• Souhaiter au lieu de vouloir : Bien qu'il soit acceptable de souhaiter des choses, le vrai progrès nécessite un désir ardent de réussir. Le souhait passif ne mène nulle part ; la poursuite active ouvre la voie au succès.

• La peur de la critique : La critique est inévitable, mais ne la laissez pas vous définir ou vous dissuader. Vivez votre vérité et efforcez-vous d'être la meilleure version de vous-même, indépendamment des opinions des autres. La critique constructive peut être un outil de croissance, tandis que la négativité injustifiée n'est que du bruit.

• Un sentiment d'ayant droit : L'un des traits qui semble prévaloir chez beaucoup de personnes aujourd'hui est leur sentiment d'ayant droit. Cette mentalité freine leur volonté de fournir les efforts nécessaires qui mènent au succès. Croire que l'on mérite des privilèges ou un traitement spécial sans fournir d'effort est une mentalité malsaine.

Ces adversaires se cachent souvent dans notre subconscient, apparaissant comme des vérités indéniables ou des réalités inévitables. Pour les vaincre, nous devons passer de la mentalité d'esclave à celle de guerrier.

Réfléchissez et répondez

Exercice de réflexion : renforcement de la résilience

Identifiez les domaines de votre vie où vous avez du mal à persévérer. Réfléchissez à ce qui rend ces domaines difficiles et élaborez des stratégies pour renforcer votre résilience.

8.3. Gérer la critique

Gérer la critique est l'un des défis universels sur le chemin du succès, un sujet qui mérite une exploration approfondie. La vérité est que vous ne pouvez pas plaire à tout le monde. Peu importe à quel point vous essayez, il y aura des moments où les autres ne partageront pas votre point de vue, et des moments où, malgré vos meilleurs efforts, des critiques surviendront et risquent de vous ébranler.

Lorsque j'ai décidé de changer de spécialité, quittant la prestigieuse faculté de Polytechnique pour rejoindre celle d'Agronomie, j'ai fait face à de nombreuses critiques. Beaucoup ne comprenaient pas pourquoi je renonçais à des études prometteuses pour un domaine perçu comme moins prestigieux. Mais ce qu'ils ignoraient, c'est que ce changement était en parfaite harmonie avec mes aspirations profondes.

Plus tard, après avoir obtenu mon diplôme, j'ai choisi de ne pas rester dans le monde académique et de tenter ma chance sur le marché de l'emploi, plus incertain. Encore une fois, les critiques fusaient : on ne comprenait pas pourquoi je refusais une sécurité immédiate pour l'incertitude.

Après avoir immigré aux États-Unis, j'ai de nouveau été critiqué pour avoir quitté un bon poste dans une organisation internationale au Congo, pour affronter les défis et incertitudes de la vie dans un pays dont je ne maitrisais pas la langue. De la même manière, à Dallas, lorsque j'ai quitté un emploi pour un autre moins bien rémunéré, les critiques n'ont pas tardé. Et pourtant, le nouvel emploi s'inscrivait dans mon plan pour réaliser ma vision.

Ces expériences m'ont appris que la critique est inévitable dans tout processus de croissance. Comprendre qu'il est normal de ne pas faire l'unanimité est essentiel pour cultiver la résilience. Lorsqu'on accepte cette réalité, on trouve la force de rester fidèle à ses valeurs et de considérer la critique sous un angle constructif. Cela permet d'utiliser les commentaires pour identifier des domaines d'amélioration et affiner son approche, tout en persévérant avec confiance.

Il est naturel de mal vivre certaines critiques et de réagir défensivement. Cependant, avec un esprit ouvert, elles peuvent devenir de puissants leviers de développement personnel et professionnel, révélant parfois des axes d'amélioration insoupçonnés.

Rappelez-vous que s'efforcer d'être le meilleur ne garantit pas l'approbation universelle. Chacun a sa propre perspective, et toutes les critiques ne seront pas positives. Maintenir votre intégrité et rester fidèle à vos valeurs vous aidera à préserver votre estime de soi.

Gérer les critiques

Alors, comment faire face aux critiques de la meilleure façon possible ? Voici quelques conseils qui peuvent vous aider :

- Écoutez activement : Écoutez attentivement pour comprendre l'essence de la critique et extraire les éléments constructifs peut orienter vos efforts d'amélioration. Aborder les commentaires avec un état d'esprit négatif dès le départ ne fait que renforcer la négativité.

- Changez de perspective : Considérez la critique comme une opportunité plutôt qu'une attaque personnelle. Elle ne définit pas votre valeur ; ce n'est qu'une opinion parmi d'autres. Changer de perspective pour voir le côté constructif aide à éviter des blessures inutiles et facilite la croissance.

- Libérez la tension : La critique peut être stressante. Trouvez des moyens de vous détendre et de vous déstresser, en utilisant les méthodes qui vous conviennent le mieux. Un esprit calme améliore votre capacité à traiter les commentaires plus efficacement.

- Partagez votre perspective : N'hésitez pas à exprimer vos pensées et vos sentiments en réponse à une critique. Un échange équilibré de points de vue peut favoriser la compréhension et le respect mutuels.

- Acceptez l'imperfection : Reconnaissez vos défauts et comprenez que la perfection est inatteignable. Utilisez la critique comme un tremplin pour améliorer vos faiblesses.
- Cultivez la résilience émotionnelle : Apprenez à être moins affecté par les commentaires négatifs. Réfléchir à vos réactions peut vous aider à renforcer votre résilience et à maintenir une perspective positive.
- Planifiez pour vous améliorer : Évaluez la validité de la critique et élaborez une stratégie pour répondre à toute préoccupation légitime. L'amélioration continue est un processus de toute une vie.
- Exprimez votre gratitude : Remerciez les critiques constructifs pour les commentaires qui peuvent encourager la croissance personnelle. La gratitude peut transformer la critique en une expérience d'apprentissage précieuse.
- Restez confiant : Croyez en vous et en vos capacités. La confiance vous aide à accepter les commentaires constructifs sans compromettre votre estime de soi.
- Établissez des limites : Fixez des limites claires si la critique devient abusive ou dépasse les limites personnelles. S'affirmer garantit le respect et favorise des interactions saines.

En adoptant ces stratégies, vous pouvez transformer la critique en un puissant outil de croissance personnelle. Rappelez-vous que faire face à la critique est une expérience universelle. Apprendre à la gérer positivement peut grandement améliorer votre capacité à réussir et à prospérer.

Résumé

Dans ce chapitre, nous avons souligné l'importance de la persévérance pour concrétiser votre vision. Tout comme Josué et les Israélites ont persévéré à travers des années de batailles, votre foi inébranlable et votre détermination vous guideront face aux obstacles à venir. La persévérance est le carburant qui garde votre vision vivante et vous pousse toujours plus loin.

Pratiques pour se transformer

1. Identifier les obstacles :

• *Étape à suivre* : Notez les obstacles spécifiques auxquels vous faites face dans votre parcours.

2. Analyser les solutions :

• *Étape à suivre* : Réfléchissez à des solutions potentielles pour chaque obstacle et évaluez leur faisabilité.

3. Chercher des conseils :

• *Étape à suivre* : Consultez des mentors, des pairs ou des professionnels qui ont peut-être fait face à des défis similaires et peuvent offrir des conseils.

4. Élaborer un plan :

• *Étape à suivre* : Créez un plan d'action détaillé pour surmonter chaque obstacle, incluant les étapes, les ressources nécessaires et un calendrier.

5. Rester flexible :

• *Étape à suivre* : Soyez prêt à adapter vos stratégies à mesure que de nouveaux défis surgissent et que les circonstances évoluent.

6. Célébrer les jalons :

• *Étape à suivre* : Reconnaissez et célébrez vos progrès et vos réalisations, même les plus petites.

Conclusion

Vous avez désormais les outils, les stratégies et l'état d'esprit nécessaires pour conquérir votre "Canaan". Tout repose sur une question : qu'allez-vous faire à partir de maintenant pour avancer ?

En tant que chrétien, vous avez déjà été béni au-delà de toute mesure. Il est temps de reconnaître ces bénédictions et d'en tirer pleinement parti pour réussir. La mesure dans laquelle on réalise les bénédictions de Dieu est proportionnelle à la dévotion qu'on met à les poursuivre. L'objectif ne doit pas être de faire de ces bénédictions le but ultime de la vie, mais plutôt de s'engager pleinement dans chaque défi avec un esprit de guerrier. Vous méritez tout le succès et l'abondance, et rien ne devrait vous en faire douter. Votre arme secrète est un état d'esprit de guerrier. En changeant votre façon de penser, vous pouvez surmonter tous les obstacles et atteindre votre vision.

Un résumé des huit aspects clés discutés dans ce livre clarifiera davantage ces concepts et vous guidera vers vos aspirations. Tout commence par avoir une vision. Lorsque vous visualisez l'avenir ou le mode de vie que vous désirez, vous pouvez aligner vos actions pour atteindre cette vision. Osez vous perdre dans votre imagination, car c'est la première étape vers la création de votre vision.

La foi est cruciale pour réaliser votre vision. C'est l'utérus dans lequel elle grandit. L'imagination aide à créer une vision, tandis que la foi permet à cette vision de grandir jusqu'à maturité. Faites confiance à la présence, à l'amour et au soutien de Dieu en toutes choses. N'oubliez pas que croire en vous-même est également essentiel.

Pour transformer une vision en réalité, il ne suffit pas de rêver ou de croire. Vous devez agir. Et agir avec l'esprit d'un guerrier. La vie est un champ de bataille, parsemé de défis et d'obstacles. Adopter une mentalité de guerrier signifie être résilient, persévérant et prêt à surmonter les difficultés. Cela implique aussi de reconnaître vos faiblesses, d'éliminer les croyances limitantes et de vous préparer mentalement aux défis. L'adversité n'est pas un ennemi ; c'est un maître. Elle enseigne des leçons inestimables qui affinent vos compétences et renforcent votre caractère. Chaque revers devient une opportunité de grandir et de mieux vous comprendre. Un guerrier ne fuit pas les défis. Il les affronte avec courage, sachant que chaque bataille gagnée le rapproche de son plein potentiel.

Un plan est indispensable pour atteindre vos objectifs, mais il ne vaut rien sans action. L'action transforme vos idées en résultats. Trop de personnes s'arrêtent à l'étape de la planification, attendant le moment parfait pour commencer. Mais le moment parfait n'existe pas. Commencez là où vous êtes, avec ce que vous avez, et ajustez votre parcours en cours de route. L'engagement total envers votre vision signifie travailler avec constance et discipline, même lorsque les progrès semblent lents ou les obstacles insurmontables. Chaque effort compte. Chaque petite action vous rapproche un peu plus de vos objectifs. L'essentiel est de continuer à avancer, un pas après l'autre.

Pour avancer efficacement, mobilisez toutes vos ressources : votre temps, votre énergie, vos finances et vos relations. Utilisez-les de manière stratégique pour soutenir vos objectifs. Votre réseau relationnel est particulièrement précieux. Entourez-vous de personnes positives et bienveillantes qui vous inspirent et vous soutiennent. Éliminez les influences toxiques qui drainent votre énergie et sapent votre confiance. Enfin, prenez soin de votre santé physique et mentale. Votre bien-être est le socle sur lequel repose votre succès. Sans énergie, sans clarté mentale, il est difficile de maintenir l'engagement nécessaire pour atteindre vos objectifs.

Atteindre une vision exige une persévérance inébranlable. Les épreuves et les revers sont inévitables, mais ils ne doivent pas vous arrêter. Au contraire, ils doivent renforcer votre détermination. La persévérance est ce qui distingue ceux qui réalisent leurs rêves de ceux qui abandonnent en cours de route. Chaque revers offre une opportunité d'apprendre, d'ajuster vos stratégies et de revenir plus fort. Le chemin vers le succès est rarement une ligne droite. Il est fait de détours, d'obstacles et de moments de doute. Mais rappelez-vous : ce n'est pas la chute qui définit votre parcours, mais votre capacité à vous relever et à continuer.

Pensez à la vie comme à un voyage difficile à travers une forêt dense. Le chemin accidenté exige des efforts et de la détermination. Dans les moments d'épuisement, le doute peut s'installer, mais la récompense se trouve juste au-delà des arbres épais et des collines escarpées. Les épreuves de la vie testent notre force et notre persévérance. Lorsque vous vous sentez découragé, souvenez-vous que le prix est un peu plus loin. Continuez à avancer ; la fin du voyage rendra tous les efforts gratifiants. Mes vœux sincères sont avec vous— continuez et restez motivé.

ANNEXES

<u>ANNEXE A</u> : Exercices pratiques pour développer votre imagination

1. Pratique quotidienne de visualisation :

Exercice : Passez 10 à 15 minutes chaque jour à visualiser un objectif spécifique ou un aspect de votre avenir souhaité. Utilisez tous vos sens pour rendre l'expérience aussi vivante que possible. Imaginez les images, les sons, les odeurs et les émotions associés à la réalisation de votre vision.

Objectif : Cet exercice aide à activer les mêmes régions cérébrales que lors de l'expérience réelle, renforçant ainsi les circuits neuronaux liés à vos objectifs.

2. Écriture créative et narration :

Exercice : Rédigez une courte histoire ou créez un scénario fictif qui explore un concept ou un monde imaginatif. Vous pouvez également réécrire un événement passé avec une issue ou un cadre différent.

Objectif : Cette pratique encourage à penser de manière créative et à explorer des possibilités au-delà de votre réalité actuelle, améliorant ainsi votre capacité à générer de nouvelles idées.

3. Carte mentale (Mind Mapping) :

Exercice : Choisissez une idée ou une vision centrale et créez une carte mentale avec des branches représentant des idées, des possibilités et des actions connexes. Permettez-vous d'explorer des idées non conventionnelles et audacieuses.

Objectif : Le mind mapping aide à organiser vos pensées et encourage une créativité fluide, élargissant ainsi votre capacité à penser hors des sentiers battus.

4. Scénarios de jeu de rôle :

Exercice : Participez à des exercices de jeu de rôle où vous vous imaginez dans différents rôles ou situations. Par exemple, imaginez que vous êtes un entrepreneur présentant un produit révolutionnaire ou un leader abordant une question communautaire.

Objectif : Cette activité vous aide à explorer différentes perspectives et à développer des compétences en résolution de problèmes, améliorant ainsi votre capacité à naviguer dans des situations complexes.

5. Jeu imaginatif :

Exercice : Réservez du temps pour jouer, que ce soit à travers des jeux, du théâtre ou de l'art. Autorisez-vous à être spontané et à explorer différents personnages, mondes ou idées.

Objectif : Le jeu imaginatif favorise la créativité et l'innovation, vous aidant à vous libérer de la pensée conventionnelle et à découvrir de nouvelles possibilités.

6. Visualisation de la réussite et résolution de problèmes :

Exercice : Visualisez régulièrement votre succès face aux défis et l'accomplissement de vos objectifs. Imaginez les étapes que vous avez suivies, les stratégies que vous avez utilisées et le soutien que vous avez reçu.

Objectif : Cet exercice renforce la confiance en soi et prépare votre esprit à la résolution de problèmes réels, vous rendant plus résilient et proactif.

7. Exercices d'empathie :

Exercice : Entraînez-vous à vous imaginer à la place d'une autre personne. Réfléchissez à ses pensées, ses sentiments et ses réactions possibles face à différents scénarios.

Objectif : Cette activité améliore votre intelligence émotionnelle et votre empathie, vous permettant de mieux comprendre et de vous connecter aux autres à un niveau plus profond.

8. Sessions de réflexion innovante :

Exercice : Réservez du temps pour réfléchir à des solutions innovantes à un problème ou à des façons d'améliorer un produit, un service ou un processus. Encouragez des idées audacieuses et non conventionnelles.

Objectif : Les sessions de réflexion innovante stimulent la résolution créative de problèmes et peuvent conduire à des idées révolutionnaires qui repoussent les limites de ce qui est possible.

9. Exploration de l'art et de la musique :

Exercice : Engagez-vous avec différentes formes d'art et de musique qui suscitent des émotions et inspirent la pensée créative. Créez vos propres œuvres d'art ou pièces musicales comme moyen d'expression.

Objectif : L'expression artistique vous permet d'explorer différentes émotions et idées, enrichissant ainsi votre imagination et vos compétences créatives.

10. Journal des rêves :

Exercice : Gardez un journal près de votre lit et notez vos rêves dès votre réveil. Réfléchissez aux images, thèmes et émotions présents dans vos rêves.

Objectif : Le journal des rêves exploite votre subconscient, offrant des idées et des inspirations qui peuvent nourrir votre imagination.

En incorporant ces exercices dans votre routine, vous pouvez cultiver une imagination riche et active. Cela vous aidera non seulement à créer une vision convaincante pour votre avenir, mais aussi à améliorer votre créativité, vos capacités de résolution de problèmes et votre empathie. Embrassez le potentiel illimité de votre esprit et laissez votre imagination vous guider vers la réalisation de votre vision.

ANNEXE B : Moyens pratiques d'utiliser votre imagination pour créer une vision

1. Création d'un tableau de vision :

Rassemblez des images, des citations et des symboles qui résonnent avec vos rêves et aspirations. Disposez-les sur un tableau pour créer une représentation visuelle de votre vision. Cela vous aide à voir vos objectifs au quotidien et à rester motivé.

2. Exercices de visualisation guidée :

Trouvez du temps chaque jour pour faire de la visualisation guidée. Fermez les yeux et imaginez clairement votre avenir souhaité en engageant tous vos sens. Visualisez-vous en train d'atteindre vos objectifs, ressentez les émotions et vivez le succès comme s'il se produisait déjà.

3. Journal créatif :

Rédigez des descriptions détaillées de votre vie idéale, de votre carrière, de vos relations ou de tout autre aspect que vous envisagez. Ne vous retenez pas – laissez libre cours à votre imagination et explorez toutes les possibilités.

4. Carte mentale (Mind mapping) :

Créez des cartes mentales pour organiser visuellement vos pensées et idées. Commencez par votre vision principale au centre et étendez-la en incluant des objectifs secondaires, des étapes nécessaires et des obstacles potentiels. Cette technique vous aide à structurer votre vision et à identifier les domaines clés sur lesquels vous concentrer.

5. Scénarios de jeu de rôle :

Imaginez différents scénarios où vous avez déjà réalisé votre vision. Jouez ces scénarios dans votre esprit ou avec un ami de confiance. Cet exercice peut vous aider à identifier les défis potentiels et à pratiquer des réponses créatives.

6. Lettres de votre futur moi :

Écrivez une lettre venant de votre futur moi. Dans cette lettre, détaillez comment vous avez réalisé votre vision, décrivez votre parcours, les défis que vous avez surmontés et les récompenses de vos efforts. Cet exercice peut solidifier votre engagement et vous fournir une feuille de route claire à suivre.

7. Empathie et changement de perspective :

Utilisez votre imagination pour vous mettre à la place d'autres personnes ayant atteint des objectifs similaires. Réfléchissez à leur parcours, à leurs défis et à leurs stratégies. Cela peut fournir des idées précieuses et inspirer de nouvelles solutions pour votre propre chemin.

8. Jeu imaginatif et narration :

Participez à des jeux imaginatifs ou à la narration, seul ou avec d'autres. Créez des scénarios fictifs qui reflètent vos aspirations réelles. Cela peut vous aider à explorer de nouvelles idées et solutions dans un environnement ludique et sans stress.

9. Visualisation des actions quotidiennes :

Chaque matin, visualisez les actions spécifiques que vous entreprendrez ce jour-là pour avancer vers votre vision. Imaginez les résultats positifs de ces actions et comment elles contribuent à vos objectifs globaux.

10. Créer un scénario de « Journée parfaite » :

Imaginez votre journée parfaite en détail, du moment où vous vous réveillez jusqu'à la fin de la journée. Envisagez ce que vous feriez, où vous seriez, avec qui vous interagiriez et comment vous vous sentiriez. Utilisez cela comme guide pour façonner vos objectifs et vos actions.

<u>ANNEXE C</u> : Différents modèles à utiliser

Ces modèles pratiques offrent une approche structurée de la planification, garantissant que chaque étape est intentionnelle et alignée avec votre vision et votre foi. En utilisant ces ressources, vous pouvez travailler systématiquement à la réalisation de vos objectifs, tout en maintenant votre concentration et votre motivation sur votre chemin pour conquérir votre Canaan personnel.

1. **Modèle de déclaration de vision**
   Objectif : Articuler une vision claire et inspirante pour l'avenir.

Section	Description
Déclaration de vision	Écrivez une déclaration concise décrivant votre vision ultime.
Éléments clés	Lisez les éléments clés qui composent votre vision (par exemple, carrière, famille, ministère).
Inspiration biblique	Incluez un verset biblique qui s'aligne avec et soutient votre vision.

2. Modèles d'objectifs SMART

Objectif : Fixer des objectifs spécifiques, mesurables, atteignables, pertinents et définis dans le temps.

Caractéristiques de l'objectif	Description détaillée de l'objectif
Spécifique	Que voulez-vous exactement accomplir ?
Mesurable	Comment allez-vous mesurer vos progrès et savoir quand il est atteint ?
Atteignable	Cet objectif est-il réaliste et réalisable ?
Réaliste	Cet objectif est-il en accord avec votre vision et vos valeurs ?
Temporel	Quelle est la date limite pour atteindre cet objectif ?

3. Modèle de plan d'action

Objectif : Décomposer les objectifs en étapes concrètes.

Objectif	Description détaillée de l'objectif
Étapes à suivre	Listez chaque étape nécessaire pour atteindre l'objectif.
Ressources nécessaires	Identifiez les ressources requises pour chaque étape.
Échéancier	Fixez une date limite pour l'achèvement de chaque étape d'action.
Personne responsable	Attribuez la responsabilité de chaque étape (si applicable).
Statut	Suivez la progression de chaque étape (Non Commencée, En Cours, Terminée).

4. Modèle de planificateur hebdomadaire

Objectif : Planifier et organiser les tâches sur une base hebdomadaire.

Jour	Description des tâches
Lundi	Listez les tâches et priorités pour lundi.
Mardi	Listez les tâches et priorités pour mardi.
Mercredi	Listez les tâches et priorités pour mercredi.
Jeudi	Listez les tâches et priorités pour jeudi.
Vendredi	Listez les tâches et priorités pour vendredi.
Samedi	Listez les tâches et priorités pour samedi.
Dimanche	Listez les tâches et priorités pour dimanche.
Réflection	Réfléchissez sur ce qui a été accompli et ce qui doit être ajusté.

5. Modèle de suivi mensuel

Objectif : Revoir les progrès et faire les ajustements nécessaires.

Objectif	Description du progrès
Objectif atteint	Oui/Non
Ce qui a fonctionné	Décrivez les stratégies qui ont été efficaces.
Défis	Identifiez les obstacles rencontrés.
Ajustements nécessaires	Listez les changements à effectuer pour rester sur la bonne voie.
Prochaines étapes	Décrivez les prochaines étapes à suivre pour le mois à venir.

6. Modèle de réunion avec un partenaire

Objectif : Faire le suivi des responsabilités de chacun.

Date de la réunion	Résumé de la discussion
Objectifs révisés	Liste des objectifs révisés avec votre partenaire.
Progrès discuté	Résumez les progrès réalisés depuis la dernière réunion.
Défis rencontrés	Discutez des obstacles rencontrés.
Retour reçu	Notez les retours ou conseils donnés par le partenaire.
Éléments d'action	Liste des actions à accomplir avant la prochaine réunion.

Dauphin MAKENGO

ANNEXE D : Modèle d'analyse SWOT

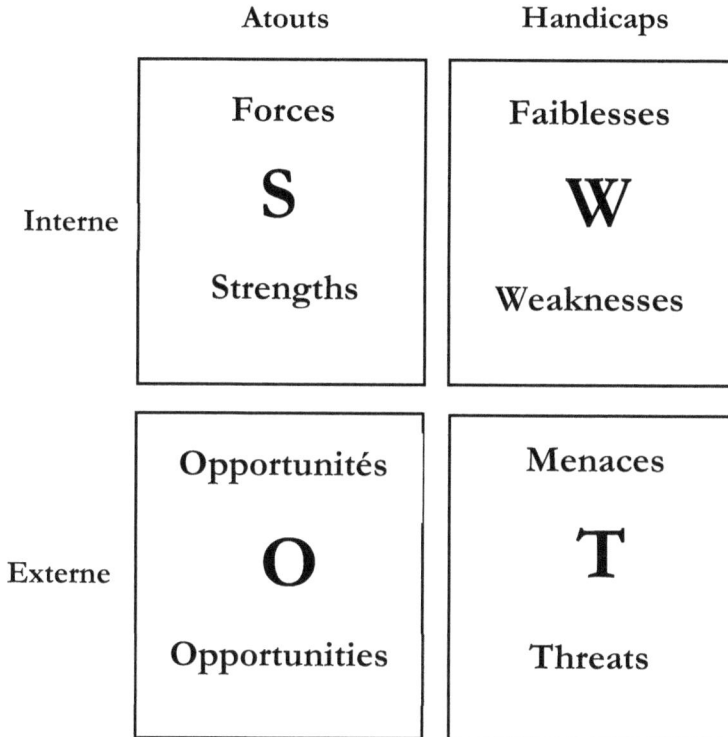

	Atouts	Handicaps
Interne	Forces **S** Strengths	Faiblesses **W** Weaknesses
Externe	Opportunités **O** Opportunities	Menaces **T** Threats

À propos de l'auteur

Dauphin MAKENGO est un chrétien engagé depuis son enfance. Titulaire d'un diplôme en ingénierie agricole de l'Université de Kinshasa et d'un MBA de l'université Baptiste de Dallas, il s'est illustré par son implication active au sein des églises dont il fut membre en République Démocratique du Congo (RDC). Il a été berger de cellule de prière, membre du comité des jeunes, et de l'équipe d'évangélisation. En parallèle, il a dirigé le groupe théâtral chrétien « Changeons de mentalité », utilisant le théâtre comme outil pour inspirer le changement et éveiller les consciences.

Passionné par les causes sociales, Dauphin a collaboré pendant plusieurs années avec des organisations humanitaires internationales. Il a contribué à des projets en faveur des enfants des rues à Kinshasa et des agriculteurs dans l'est de la RDC, visant notamment à améliorer la sécurité alimentaire.

Aujourd'hui installé aux États-Unis avec sa femme et ses trois enfants, Dauphin partage son expérience et sa foi à travers ses écrits et ses publications sur les réseaux sociaux, inspirant et motivant de nombreux chrétiens.

Restons en contact

Merci d'avoir lu ce livre ! J'aimerais beaucoup continuer la conversation et partager davantage avec vous. Voici comment vous pouvez me retrouver en ligne :

- **Adresse électronique** : dauphin.makengo@gmail.com
- **Instagram** : @daumakengo
- **Facebook** : Dauphin Makengo
- **TikTok** : @daumakengo

N'hésitez pas à m'envoyer un message ou à suivre mes prochaines publications. Ensemble, nous pouvons continuer notre parcours vers la croissance spirituelle et le développement personnelle.

www.ingramcontent.com/pod-product-compliance
Lightning Source LLC
LaVergne TN
LVHW041250080426
835510LV00009B/676